工程教育系列丛书

设计开发流程与
工程项目管理的
原理及运用

杨毅刚　王　泉　苏　涛
万永菁　张仕斌　田　剑　◎编著

人民邮电出版社
北京

图书在版编目（CIP）数据

设计开发流程与工程项目管理的原理及运用 / 杨毅刚等编著. -- 北京：人民邮电出版社，2021.9
 ISBN 978-7-115-57058-1

Ⅰ. ①设… Ⅱ. ①杨… Ⅲ. ①产品开发过程－项目管理 Ⅳ. ①F273.2

中国版本图书馆CIP数据核字(2021)第155535号

内 容 提 要

本书在详细阐述企业传统的产品开发流程及产品项目管理模式深层次问题根源的基础上，系统阐述了当今被产业界广泛认同的集成产品设计/开发流程及集成产品开发项目管理模式（统称为集成产品开发模式）的原理及运用方法。本书从核心理念、组织架构、系统理论、体制构建、运行机理、管理体系等方面，深入浅出地阐述了集成产品设计/开发流程及集成产品开发项目管理模式的系统原理，并通过大量的实际工程案例，系统阐述了集成产品开发模式的工程运用方法，使没有系统工程经历的读者能够充分理解复杂工程问题的内涵，也能够系统掌握解决复杂工程问题的流程、方法。

本书适合作为高等院校相关专业师生的教材，也适合作为工程项目管理人员、技术人员的技术参考书。

◆ 编　著　杨毅刚　王　泉　苏　涛　万永菁　张仕斌　田　剑
　责任编辑　李　静
　责任印制　陈　犇

◆ 人民邮电出版社出版发行　北京市丰台区成寿寺路11号
　邮编　100164　电子邮件　315@ptpress.com.cn
　网址　https://www.ptpress.com.cn
　北京七彩京通数码快印有限公司印刷

◆ 开本：700×1000　1/16

印张：13.5　　　　　　　2021年9月第1版

字数：250千字　　　　　2025年7月北京第19次印刷

定价：59.80元

读者服务热线：(010)53913866　印装质量热线：(010)81055316
反盗版热线：(010)81055315

前　言

我国高等教育中的工科专业十分庞大，90%以上的高校都开设有工科专业，工科专业毕业生人数占到毕业学生总人数的三分之一，工科专业的人才培养对满足社会的需要意义重大。

我国在大规模开展工程教育专业认证前，许多高校工科专业的培养方案更注重的是专业理论、技术的掌握及专业技术知识的应用。换言之，许多高校工科专业培养的是纯理论、技术型的人才，这种工科人才培养模式会出现：毕业生掌握的是"孤岛"形态的课本理论、技术知识，忽略了实际的工程需求，不擅长依据工程的需求进行全周期、全流程的工程设计或产品开发，不擅长在工程、产品设计/开发过程中进行决策。

工科专业大规模开展工程教育专业认证后，我国高校的工科专业开始根据社会的需求，直接将行业、企业对毕业生的工程能力要求作为工科专业本科生的培养目标。

目前高校在工科专业的工程教育中，对工科专业学生的工程能力提出了明确的要求，工科专业学生应具备解决复杂工程问题的综合能力，这种能力包括：掌握专业技术知识；能够将本专业的技术知识与非技术制约因素相融合；在从事工程设计时能够考虑经济、环境、法律、伦理等各种制约因素；能够掌握、运用工程设计和产品开发全周期、全流程的设计/开发方法和技术；能够掌握和运用工程项目管理原理；能够对工程和产品的设计及实施进行全周期、全流程的过程管理；在设计/开发及工程项目管理中能够掌握并运用经济决策方法，使所设计/开发的工程或产品既能达到技术指标和功能及性能的要求，又能达到预定的成本和回报等经济指标要求。

当前，许多高校的工科专业学生对解决复杂工程问题能力的理解并不到位，习惯用解决复杂技术问题的方法来替代解决复杂工程问题的方法，对设计/开发解决方案能力的培养没有很好地遵循工程逻辑，没有系统性地掌握工程设计/开发流程、方法论；对于工程管理原理的教学，有的学校开设的是现代企业管理课程，但企业管理是对组织、职能的管理，不是针对工程项目的管理；有的学校虽开设的是项目管理课程，但其课程内容、课程目标与工程、产品的设计/开发流程并没有关联，与工程管理原理的要求仍存在一些差距，没有完全达到解决复杂工程问题能力的要求。

高校如果在对工科专业学生的设计/开发流程、方法论及工程项目管理的能力培养过程中所选用的教材不合适，就难以达到工程能力培养的最终目标。

各高校的工科专业老师已经逐步认识到学生必须掌握设计/开发解决方案能力和工程项目管理能力的重要性，但在教材的选择上仍然存在困惑点，社会上虽然有大量关于项目管理的书籍，但与全周期、全流程设计/开发流程相结合的工程项目管理书籍是凤毛麟角，这给高校工科专业的工程人才的培养带来了困难。编写一本适合高校工科专业学生使用的工程、产品设计/开发流程与工程项目管理原理及运用相结合的教材，对于强化工科专业学生工程能力的培养来说非常重要。

我依据自身在工程领域从事设计开发、工程项目管理、经济决策 30 余年及参加工程教育专业认证 10 余年的经验，在本人编写的《高新技术企业产品成本控制与管理》《持续降低产品成本的系统方略》《高新技术企业集成产品开发管理》《企业技术创新的系统方略》的基础上，按照《工程教育认证标准（2017 年 11 月修订）》《工程教育认证通用标准解读及使用指南（2020 版）》的标准要求，针对大多数高校工科专业目前在工程教育中存在的共性问题，编写了本书的初始架构。华东理工大学、西安电子科技大学、武汉科技大学、成都信息工程大学、江苏科技大学对于本书的编写给予了大力的支持，而且积极参与编写工作，并以本书为抓手，全面启动了工程教育的深度教改工作。

特别是华东理工大学王慧锋副校长、西安电子科技大学王泉副校长、武汉科技大学吴怀宇副校长、成都信息工程大学何建新副校长、江苏科技大学周南平校长，以在本科教育上深厚的造诣，弥补了我在本科教育上的短板，大家对这本书的编写、修改提出了许多极具价值的宝贵意见。大家从教材、大纲、教案、教学、评价等方面都做了系统性的、极具深度的方案。在此，我对大家为本书的付出表示衷心的感谢！

西安电子科技大学的王泉和苏涛、华东理工大学的万永菁、成都信息工程大学的张仕斌、江苏科技大学的田剑作为本书的共同作者,为本书的编写、修订付出了极大的努力。在诸位同仁的共同努力下,本书才得以圆满完成!

本书的内容也与工程教育专业认证通用标准中相关毕业要求的能力要求高度吻合,可直接作为工程教育专业认证通用标准中毕业要求 3、毕业要求 6、毕业要求 7、毕业要求 11 内涵观测点(指标点)能力培养的支撑。

本书出版后,希望能够为高校工科专业学生的工程能力培养起到一定的支撑作用,能够对高校工科专业的教师准备工程教育专业认证起到一定的参考和帮助作用。

本书若有不当之处,恳请广大读者提出宝贵意见,以便以后再版时修订,谢谢各位读者。

大唐电信科技产业集团原副总裁
2021 年 4 月 15 日

目　录

第一篇　传统产品开发、项目管理模式面临的挑战

第一章　概述 ………………………………………………………………………… 003
　第一节　复杂技术问题与复杂工程问题的差别…………………………………… 004
　第二节　解决复杂工程问题必须以工程应用为背景……………………………… 009
　第三节　解决复杂工程问题必须考虑产品的全周期、全流程…………………… 010
　第四节　解决复杂工程问题必须考虑与非技术制约因素的相容性……………… 011
　第五节　设计开发流程与工程项目管理是不可分离的有机体…………………… 013
　第六节　本章小结…………………………………………………………………… 014
　思考题………………………………………………………………………………… 015

第二章　企业传统设计开发流程及项目管理模式………………………………… 017
　第一节　传统的项目管理模式以及产品开发、立项决策流程…………………… 018
　第二节　传统产品开发、项目管理模式的组织架构及部门职责………………… 018
　第三节　传统产品开发模式在项目管理机制上的弊端…………………………… 024
　第四节　传统的产品开发、项目管理机制严重阻碍企业的发展………………… 027
　第五节　本章小结…………………………………………………………………… 028
　思考题………………………………………………………………………………… 028

第二篇 集成产品开发（IPD）模式的创新

第三章 集成产品开发（IPD）流程及项目管理模式 ········· 033
- 第一节 集成产品开发模式的问世 ········· 034
- 第二节 集成产品开发模式的基本概念 ········· 035
- 第三节 集成产品开发模式的核心理念 ········· 036
- 第四节 本章小结 ········· 037
- 思考题 ········· 038

第四章 集成产品开发模式的组织架构 ········· 039
- 第一节 集成产品开发模式面向全周期、全流程的产品线 ········· 040
- 第二节 集成产品开发模式组织架构给项目管理带来的好处 ········· 047
- 第三节 组织架构变革带来的挑战 ········· 051
- 第四节 本章小结 ········· 053
- 思考题 ········· 053

第五章 集成产品开发模式的开发流程及管道管理 ········· 055
- 第一节 面向市场的 IPMT 项目管理业务流程 ········· 056
- 第二节 PDT 的设计/开发业务流程 ········· 059
- 第三节 IPMT 项目管理与 PDT 设计/开发流程间的关系 ········· 066
- 第四节 产品设计/开发过程的技术评审及批准流程 ········· 068
- 第五节 管道管理 ········· 070
- 第六节 管道管理中的流程节点评审 ········· 072
- 第七节 本章小结 ········· 073
- 思考题 ········· 074

第三篇 IPMT 对市场的分析与决策

第六章 IPMT 的市场管理与产品规划 ········· 077
- 第一节 市场管理的内涵 ········· 078
- 第二节 投资分析及评价 ········· 079
- 第三节 产品线的规划 ········· 080
- 第四节 本章小结 ········· 088

思考题 … 088

第七章　对商业机会和商业模式的把握与决策 … 091

第一节　IPMT 对市场机会的把握 … 092
第二节　商业机会 … 092
第三节　产业链的商业模式 … 096
第四节　产品的商业模式 … 098
第五节　本章小结 … 100
思考题 … 100

第四篇　设计开发流程如何与非技术制约因素相容

第八章　产品设计开发流程中的经济决策 … 105

第一节　设计开发流程中必须考虑成本、经济制约因素 … 106
第二节　传统产品开发、项目管理模式中成本管理的弊端 … 107
第三节　集成产品开发模式中产品独立核算的优势 … 109
第四节　产品全成本（全流程成本）管理 … 110
第五节　产品成本、损益核算的"两个转变" … 111
第六节　本章小结 … 112
思考题 … 113

第九章　产品设计开发流程中的知识产权管理 … 115

第一节　知识产权、专利是重要的非技术制约因素 … 116
第二节　在设计/开发全流程中嵌入知识产权创造的全流程 … 119
第三节　集成产品开发模式中的知识产权管理 … 122
第四节　本章小结 … 122
思考题 … 122

第五篇　PDT 产品开发流程

第十章　PDT 技术重复使用（技术重用）及异步开发 … 127

第一节　技术重用的必要性 … 128
第二节　CBB 库的构建 … 129
第三节　产品平台的构建 … 132

第四节　模块、平台技术重用产生的价值 ············· 136
　　第五节　技术重用度 ············· 138
　　第六节　异步开发模式 ············· 139
　　第七节　本章小结 ············· 140
　　思考题 ············· 141

第十一章　PDT产品开发的概念与计划流程 ············· 143
　　第一节　产品开发概念阶段的职责及业务流程 ············· 144
　　第二节　外部需求及非技术制约因素的确认、评审 ············· 145
　　第三节　产品全周期、全流程内部需求的确认 ············· 148
　　第四节　产品计划阶段的职责及业务流程 ············· 150
　　第五节　建模及仿真 ············· 152
　　第六节　本章小结 ············· 158
　　思考题 ············· 160

第十二章　PDT全流程的产品设计、实现流程 ············· 161
　　第一节　技术预研与产品开发的分离 ············· 162
　　第二节　产品设计、实现过程的管理 ············· 163
　　第三节　全流程的产品设计/开发要求 ············· 167
　　第四节　产品的可生产性 ············· 168
　　第五节　产品的可安装性 ············· 171
　　第六节　产品的可维护性 ············· 172
　　第七节　产品的低成本要求 ············· 172
　　第八节　本章小结 ············· 173
　　思考题 ············· 174

第十三章　PDT的产品测试与验证 ············· 175
　　第一节　产品开发中测试的目的 ············· 176
　　第二节　"白箱""黑箱"测试 ············· 178
　　第三节　集成测试 ············· 181
　　第四节　系统集成测试 ············· 184
　　第五节　产品中试测试及验证 ············· 186
　　第六节　客户现场测试 ············· 186
　　第七节　产品技术指标、性能及可靠性的验证 ············· 187

第八节　产品非技术制约因素相容性的验证 187
第九节　产品可生产、可安装、可维护性能的验证 188
第十节　IPMT对验证结论的审核 189
第十一节　本章小结 189
思考题 190

第十四章　PDT产品发布与生命周期管理流程 191

第一节　产品发布阶段的职责 192
第二节　产品发布阶段的管理 193
第三节　产品生命周期的管理 194
第四节　本章小结 196
思考题 196

第六篇　结束语

结束语 199
思考题 202

第一篇
传统产品开发、项目管理模式面临的挑战

✦ 第一章 概述

✦ 第二章 企业传统设计开发流程及项目管理模式

第一章
概　述

有些人会认为技术发明创造、技术创新、产品开发这三者从概念看其含义是大同小异的；也有人认为高新技术产品就是要体现技术的先进性，只要技术领先的产品就一定会有市场竞争力。殊不知，以上这些问题的混淆将会导致企业的产品开发模式发生严重的偏离，如果设计人员在产品设计/开发时只关注研发环节、技术指标，而不关注社会需求、用户利益，所设计/开发的解决方案不关注产品的全周期、全流程，不考虑非技术制约因素和设计/开发解决方案的冲突，这样的创新成果就会变成"创新陷阱"。

第一节　复杂技术问题与复杂工程问题的差别

一、技术发明创造的定义

技术发明创造是一项新的技术发明方案或者是一种创造设计方案。技术发明创造方案是基于新的设计理念、设计思路，并利用新的技术原理、技术方法、技术手段、技术工艺以及表达方法而形成的一项新的技术性方案或设计性方案。技术发明创造的实质就是以实现一个前所未有的技术方案为目的的创造。技术发明创造的目的是追求技术成果在国际、国内范围内的独特性、先进性，追求的就是在技术上的突破。

高校、科研机构或企业中技术预研部门进行技术研究的目的是追求技术性突破的技术发明创造。政府设立的大多数科技攻关项目、自然科学基金项目、高校内的各类创意、创新大赛大多都属于技术发明创造的范畴，大家进行技术研究的目的都是在技术上实现突破，以填补技术上的空白。

二、技术创新的定义

按照美籍奥地利经济学家熊彼特的"创新理论"这一概念，当一项技术发明创造被应用于社会、企业的生产活动中，并产生经济价值时，便被称作技术创新。也就是说，企业的技术创新过程实际上也包含了技术发明创造，通过技术发明创造来实现企业的技术创新。但这里的技术创新概念中的技术发明创造应该更广义，即是指发明创造的技术可能来源于原始发明创造，也可能来源于原已有的多种技术的创新组合、集成，甚至还可能来源于引进的外来技术、模仿与改进许可后的技术。技术创新的突显过程中并不看重技术来源方式，看重的是企业因为技术创新的开发而研发了一种新的产品，推广了新的方法，从而能形成新的市场,推动应用广泛使用。也就是说,只有当一项技术发明创造或新技术被应用于经济活动,并实现经济价值时,才能被称为"技术创新"。

技术创新与技术发明创造是密切关联的:先有技术发明创造,才有技术创新;技术发明创造是对新工具、新方法、新技术的发明创造,而技术创新不仅包括新工具、新方法、新技术的创造,而且包括其应用和推广,并以经济回报作为技术创新的成功标志。

三、产品开发是技术创新中的重要方式

技术创新的方式有很多,企业只要通过技术手段的变革就能开发出一种新的产品、形成新的市场,甚至提供了一种新的原料或半成品的供应来源,或形成一种新的企业组织形式,只要这些成果能获得市场的经济回报,就意味着实现了企业的技术创新。可见新产品开发是企业在若干技术创新方式中的十分重要、产出规模最大的一种。

技术创新与产品开发所追求的目的都是一样的,两者都以技术作为手段,以应用回报作为目的。新产品作为技术创新的一种产物,新产品的经济回报方式就是新产品所产生的利润,新产品必须要以商品的形式销售给客户,所以新产品的开发一定要满足客户的需求,并要有独特的市场竞争优势,以此来赢得更高的投资回报。

企业在开发新产品时,切不可将技术性突破作为产品开发的目的,一定不能"唯技术论",不要仅以"技术驱动"作为企业的发展动力,而要将"技术驱动"与"市场驱动"相结合,以这种"双驱动"的方式来形成企业的市场竞争优势。在实际的经营过程中,大多数企业时常混淆技术发明创造和技术创新两者的目的,时常用技术发明创造的方法替代产品开发的方法,从而导致企业新产品的开发模式严重偏离方向,其结果是企业花费了大量的新产品研发资金,却不能有效地提升企业的市场竞争能力,不能获得应有的高价值回报。

四、技术创新方式

企业技术创新的方式分为三种:第一种是原始创新方式;第二种是集成创新方式;第三种是引进、消化、吸收、再创新方式,也被称为改进创新方式。

1. 原始创新方式

原始创新意味着在研究开发方面,特别是在基础研究和高技术研究领域要取得独有的发现和发明,原始创新是最有技术难度的创新。原始创新成果通常

具备三大特征：一是首创性，即前所未有、与众不同；二是突破性，即在原理、技术、方法等某个或多个方面实现重大变革；三是带动性，即在对科技自身发展产生重大牵引作用的同时，从经济结构和产业形态也带来重大的变革，在微观层面上将会引发企业竞争态势的变化，可能会导致竞争格局的重新形成。

2. 集成创新方式

集成创新与原始创新的区别是，集成创新所用到的所有单项技术都不是原创的，所用的技术都是现有的技术。集成创新的创新之处就在于研发者将这些已经问世的单项技术按照市场的需求进行了系统性地重新组合、集成，并创造出一个全新的产品，但这个全新产品的性能、功能是那些被采用的各个单项技术所不能实现的，即集成创新采用的技术都是现有的，但集成出的产品是全新的、有独特竞争力的产品。

3. 改进创新方式

改进创新方式是发展中国家最常见的创新方式，改进创新方式的核心理念是利用各种引进的技术资源，在本国研发人员消化吸收的基础上进行改进，从而完成重大创新。这里所说的引进技术是广义上的引进，可以是从国外购买的技术，也可以是从国内其他企业购买的技术，均为合法拥有知识产权使用权的技术，而非自主开发的技术。改进创新方式与集成创新方式的相同点在于，两者都以已经存在的单项、多项技术为基础再进行研制，但两者的不同点在于，集成创新完全采用已有技术单元重新组合成为一个全新的产品，而改进创新的成果是在原产品的某个、某些重要环节上进行技术改进，甚至在局部进行原始创新，从而使新产品具备了产品新的特点及性能。

4. 三种创新方式的选择

原始创新、集成创新和改进创新是自主创新的三个有机组成部分，三者不可偏废。但是原始创新、集成创新和改进创新三者在资金投入、创新周期、创新风险以及对企业的技术能力和技术积累的要求上都是不同的。

这三种创新方式不存在一个固定的优劣排序。很多情况下，在一个新产品的开发过程中，原始创新、集成创新和改进创新这三种技术创新方式经常会被企业同时采用，企业在进行新产品开发时并不会完全局限于只使用某一种技术创新方式。

五、技术开发不是目的而是手段

显而易见，企业需要技术创新，但技术开发本身不应成为企业所追求的目标，技术开发应只是企业获取独特性产品的一种手段，技术创新的最终目的是追求新产品的高额价值回报，这一点是企业进行新产品开发的基本原则。事实上，恰恰有许多企业会犯将技术开发当作企业追求的目的这样的错误，此时就会出现为了技术创新而进行技术创新的结果，企业将会在新产品开发中一味地追求技术的标新立异，一切都以所用技术不同于过去为目标，不断地在技术上自我刷新，不断地填补技术空白，而不计算技术创新所产生的费用，不顾技术创新产品的可用性，不考虑最终客户的感受，这并不是正确的技术创新价值观，其严重混淆了技术发明创造与技术创新的区别，这样的技术创新产物是没有市场价值的，是不可能为企业带来商业回报价值的。所以许多企业以技术创新为名，追求单纯的技术超越，填补技术空白，单纯地追求专利的申请数量，单纯地追求技术的学术水平，以此来获取各级政府科研项目资金的支持，这种所谓的技术创新模式最终的结果往往是以创造出一批高新技术的样品、展品而告终，并不能得到市场和消费者的最终认可。

六、正确的新产品开发技术手段

企业的技术创新一定是以市场回报为根本目的的，是以满足市场需求、引导市场需求为目标来进行的，客户不是技术专家，最先进的技术不一定能满足客户的需求，真正受市场欢迎、有竞争力的新产品是能满足客户现在及潜在的需求，企业要把新产品的市场竞争力作为选择新产品开发模式的基点，而不是只看重新产品所采用的技术先进性。有了这个基本判断后，企业再来判断在新产品的技术中适宜的开发方式。

原始创新是最能体现技术水平的创新手段，但并非是企业技术创新手段的首选。因为原始创新的资金投入很大，创新周期较长，创新的风险大，所以这对企业的技术能力和技术积累的要求都非常高。而对于那些技术实力较弱、资金实力较差的企业来说，一般情况下不要首选原始创新手段；即便是有实力进行原始创新的企业，也不应在完整产品的设计中全部都用原始创新的方式。在开发一个全新的产品时，企业仅在突显产品独特性能的核心部分，而又没有其他已有技术可利用的情况下，才会采用原始创新的技术来实现这个核心部分。一个复杂的新产品往往是由许多部件、模块、零件所组成的，通常来说，一个新产品的开发主要采用的是集成创新手段，尽可能多地采用现有的技术单元，这些技术单元可能是企业以往所开发的原始创新技术，也可能是原有的现成技术，也可能是引进的技术，当这些已有的技术单元中出现不能满足新产品总体技术要求时，我们可以对那些不能符合要求的技术单元、子系统进行原始创新开发；也可以将企业原有的技术单元、子系统进行改进创新，使其能达到新产品的总体技术要求；也可以通过引进符合新产品总体技术要求的新技术单元、子系统等方式，使那些原本不能符合新产品总体要求的技术单元、子系统在更新后能够符合新产品的要求。

也就是说，一个新产品的开发全过程就是一个集成创新的过程，在新产品集成创新的过程中，新产品集成创新的过程所采用的技术单元要有技术的继承性，在现有技术能达到设计要求时，应重复使用现有的技术，只有当企业已有的技术单元、子系统达不到新产品设计要求时，才应对这些技术单元、子系统进行技术突破创新，也就是对这部分进行原始创新。所以说新产品的开发可以采用原始创新、集成创新和改进创新中的任何一种方式或多种方式的并举，最终满足新产品总体设计对该技术单元、子系统的技术要求，在此基础上再继续进行集成创新，最终实现具有独特竞争优势的新产品。

可见，虽在技术创新中有三种技术创新手段可选，但在产品开发模式中，这三种技术创新手段常常是融合使用的，且集成创新手段在新产品开发中所占的比重会更大一些，但另外两种技术创新手段也是重要的补充手段。

总而言之，企业在进行新产品开发时，不能为了获得技术的先进性而进行产品的开发，企业核心竞争能力的提升是新产品的开发、技术创新，目的是为提升企业的经济价值，最终用什么样的技术创新手段要根据企业自身的条件，在能达到产品预期竞争能力的前提下，去选择那些资金投入少、创新周期短、创新风险小的技术创新手段，要选择与企业技术能力相匹配的技术创新手段，而不要刻意去选择技术难度最大的原始创新手段，否则就会违背技术创新最初的目的。当企业处于行业的领跑地位时，为保持竞争的优势，可更多地考虑在新产品的核心部分采用原始创新的方式，但就整个新产品结构组成而言，仍要关注原有产品技术的继承性，即仍要发挥集成创新、改进创新的作用。

七、复杂技术问题与复杂工程问题的本质差别

以追求技术发明创造成果先进性为目的的研发方式就是解决"复杂技术问题"的研发方式。

以追求技术创新成果在市场竞争中的经济回报为目的的研发方式就是解决"复杂工程问题"的研发方式。

解决复杂技术问题的能力与解决复杂工程问题的能力是有实质性区别的：解决复杂技术问题以技术性的突破为目的；而解决复杂工程问题是将技术性的突破作为手段，目的是通过技术性的变革使产品提高市场竞争力，以获得高价

值经济回报为最终目的。工科专业应以培养学生解决复杂工程问题的能力为目的，并在此过程中遵循工程逻辑，不能只停留在掌握各个单独课程的知识点上，要聚焦在跨课程、跨专业的系统综合度上，学生要遵循工程逻辑、运用方法论，培养学生系统性分析、解决问题的综合能力。解决复杂工程问题时，学生必须以工程应用为背景，考虑产品的全周期和全流程，考虑与非技术制约因素的相容性。

第二节 解决复杂工程问题必须以工程应用为背景

一、不能解决工程问题的原因

复杂技术问题的研究、开发的处理方式最终的目的是为了追求技术指标的突破，以新产品的技术先进性来提高产品的竞争性，殊不知企业以技术先进性为追求的目标时，往往会产生以下几点弊端。

1. 牺牲系统的可靠性

企业把解决复杂技术问题当作目标时，往往会追求个别技术指标、性能的最优性，新产品技术指标体系里的各项技术指标往往与系统性关联，若单纯追求个别技术指标的先进性，会造成其他关联技术指标的性能恶化，在实际产品的使用中，用户除了会关注产品最优的技术指标、性能外，更为关注的是在极端恶劣条件下，产品所暴露出的最差性能，个别最优技术指标、性能会让人称赞，但产品中最差的那个性能却能让企业声誉瞬间崩溃，会给用户带来灾难性的后果。所以在实际的工程应用中，厂商、用户对产品在极端恶劣条件下最差性能的关注度远高于最优的性能。

2. 成本代价很高

如果一方面是以技术指标为追求目的，不考虑研发过程中的成本付出，另一方面是只关注研发环节，而完全忽略新产品除研发环节以外全周期、全流程所发生的成本，将可能导致企业的投资大大超出预算，难以盈利。

3. 忽略用户需求

企业把解决复杂技术问题当作目标时，会以技术成果的回报为目的，误以为最先进的技术指标可以满足用户最大的需求，企业没有将技术改进与市场需求相统一。

4. 不考虑非技术因素的边界条件

企业将解决复杂技术问题作为目标时，拟解决的问题、面对的改进方法均为技术攻关问题，几乎不考虑外部环境中非技术约束因素对技术解决方案的冲突，导致设计开发解决方案无法满足外部环境的要求。

二、解决复杂工程问题必须以工程应用为背景

1. 系统安全性、可靠性为首位

企业以解决复杂工程问题为目的时，工程、产品本身的任何技术指标及性能都不能凌驾于系统安全性、可靠性之上，工程、产品本身的系统安全性及可靠性为一切工作之首。

2. 经济回报为最终目标

企业以解决复杂工程问题为目的时，工程或产品本身的立项、验证开发成果、正式发布的评审、生命周期的终止等决策均以经济数据的结果作为依据，应以经济回报作为最终目标。

3. 用户需求、利益至上

企业以解决复杂工程问题为目的时，工程、产品的立项评审、过程评审的依据是必须满足用户的需求，用户需求至上。

第三节 解决复杂工程问题必须考虑产品的全周期、全流程

我们在实际工程实践中要解决的复杂工程问题就是交付的工程或产品，因此任何要交付的内容都不可能仅由一个研发环节来完成。当一个新产品研发环节的工作完成后，还要通过中试、生产、售前服务、销售、安装、现场调试等环节的工作，才能将工程或产品正式交付给用户使用，用户在使用过程中还要有售后服务来保障工程或产品的安全运行，直至工程或产品的生命周期结束，上述全部环节称为工程或产品的全周期、全流程。在工程或产品的全周期、全流程内，任何一个流程环节都不能缺失，否则用户的权益就无法得到保障，企业、厂商也就难以维护自身的信誉，也就难以获得持续的经济回报。

企业要掌握全周期、全流程设计/开发解决方案的基本方法和技术；掌握工程及产品全周期、全流程的成本构成，理解其中涉及的工程项目管理与经济决策问题。全周期、全流程的设计/开发解决方案包括以下三个方面的内容。

一、内部需求需要全周期、全流程的保障

企业在进行工程、产品的设计/开发时，研发环节不仅要保障解决方案的技术性能，方便技术指标达到预期要求，还要保障企业内部后端生产、安装、服务等环节的可生产性，以及可安装性、可维护性和可靠性，如果不在研发环节进行先期布局，在出现因前端失误而造成后端环节出现严重问题时，想寄希望于后端生产、安装、服务等环节自身能够弥补产品在前端的严重缺陷是不现实的，所以从保障内部需求的角度来看，解决复杂工程问题（设计/开发解决方案）必须要在全周期、全流程范围内进行。

二、外部需求需要全周期、全流程的保障

企业在工程设计/产品开发时，研发环节除了要保障解决方案的技术性能、技术指标外，还要不断收集后端的销售、安装、售后环节所反馈的用户信息，根据用户需求及变化，修改、完善设计/开发解决方案，以满足外部用户的需求。从保障外部需求的角度来说，复杂工程问题（设计/开发解决方案）必须要在全周期、全流程范围内进行。

三、经济回报需要全周期、全流程的保障

经济回报是工程设计、产品开发的最终成果。工程、产品的成本分布在全周期、全流程的各个作业环节之中，而各个作业环节中的成本从结构组成到金额多少都是由设计/开发解决方案决定的。如果研发部门在设计/开发时，解决方案中没有涉及后端各个作业环节的成本动因，全周期、全流程的成本就会失控，所以从经济回报的角度来说，解决复杂工程问题（设计/开发解决方案）必须要在全周期、全流程范围内进行。

第四节 解决复杂工程问题必须考虑与非技术制约因素的相容性

在实际工程实践中，我们要解决的复杂工程问题是要交付的工程、产品，

因此任何要交付的工程、产品都不可能脱离现实中各种非技术因素的约束,这些非技术的制约因素就是设计/开发解决方案的边界条件,如果我们的设计/开发解决方案突破了边界条件,即便技术性能再好也是无用的,终将成为社会不能接纳的无用产品。下面列举几个非技术制约因素的边界条件。

一、经济(财务成本)约束

任何工程、产品都是存在市场竞争对手的,同类产品的销售价格是我们必须要考虑的边界条件。企业在立项进行工程、产品的设计/开发时,首先要确定工程、产品的销售价格,及工程、产品在全周期、全流程各个作业环节中的成本构成,这个先期预估的销售价格及成本限额就是解决复杂工程问题(设计/开发解决方案)的非技术约束边界,也是企业必须要考虑成本及经济回报的约束因素。

二、法律、法规约束

中国强制性产品认证是我国政府为保护消费者人身安全、加强产品质量管理、依照法律法规实施的一种产品合格评定制度,也被称为 3C(China Compulsory Certification,CCC)认证。3C 认证包括十七大类 103 种产品的认证申请,这些产品的技术指标、安全体系必须要达到国家标准,未通过认证检测的产品,不得在市场上进行销售。

我国实行无线电发射设备型号核准制度,在我国进行生产、进口、销售、使用的无线电发射设备必须通过无线电发射设备型号的强制检测,通过强制检测的才能获得进网许可证,否则不得接入共用电信网使用,也不能在国内销售。

我国实行电信设备进网许可证制度,实行进网许可制度的电信设备必须获得工业和信息化部颁发的进网许可证,否则不得接入公用电信网使用和在国内销售。

各个行业都有政府、行业、部门的约束性文件及法律的要求。

三、环境保护制约

国家为有效保护环境、维持生态平衡,会对所有的企业、工程、产品开展环境影响评估,严格执行环境保护的法律。环境保护的要求在不同行业是不完全相同的,如在信息通信领域中,企业在产品产生中的废气、废水,对土壤的污染并不严重，但其对环境的电磁波辐射污染却不容小觑。

四、安全保护影响

安全保护的范围很宽泛，包括工程、产品对社会安全的影响，对消费者身体安全的影响等，信息通信领域，特别强调产品对用户信息安全的保护。

五、伦理道德制约

工程伦理、职业道德也是社会对工程、产品的一种约束，企业在自身产品的利益与产品对社会的损害发生冲突时，不能为获取自身的利益而去损害社会大众的利益。

任何工程、产品都不是由设计者随心所欲设计、开发的，都需要进行非技术制约因素的评审，明确非技术制约因素的相容性是工程、产品进行销售使用的前提，一定要将约束性指标要求作为边界条件纳入工程、产品的设计/开发指标体系之中，依据边界条件进行设计/开发。

当设计/开发解决方案完成后，企业还要对这些非技术制约因素的指标进行专项测试，以验证最终的工程、产品能够满足边界约束条件的要求，以此保证工程产品可顺利进入市场，并成功销售。

第五节　设计开发流程与工程项目管理是不可分离的有机体

一、设计/开发流程与工程项目管理是统一的有机体

工程、产品的设计/开发流程，是指设计/开发的任务、要求、过程、步骤与顺序，包括项目的策划、预研、总体设计、评审、立项、设计分解、设计集成、测试、验证、中试、发布等，工程、产品的设计/开发流程是非常严谨的，目的是减少设计开发的失败率。为了规范化的管理设计/开发流程，每家企业都会制订工程项目管理规章，把工程、产品的设计/开发流程制度化，形成一套完整的工程项目管理机制，严格按照管理机制来执行工程、产品的设计/开发流程，设计/开发流程与工程项目管理是密不可分的，两者是统一的有机体。

这也是本书将设计/开发流程与工程项目管理两部分合二为一的原因。

二、工程、产品按生产模式的分类

本书上述章节中都把工程、产品分开来表述，是因为在人们的日常认知中，一般都认为工程是大型的基建工程，如南水北调工程、三峡大坝工程等，而产品是在工厂中制造的产物，但在管理会计理论中，一般都以生产模式的差别来定义生产产物的类型。管理会计理论中生产模式大致分为三种类型：第一种类型产品的生产模式特征是产品的生产数量很大、生产步骤多、交付周期短，该生产模式被称为分步法；第二种类型产品的生产模式特征是产品生产数量很大、生产步骤单一、交付周期短，该生产模式被称为品种法，也被称为大批量、流水线生产模式；第三种类型产品的生产模式特征是生产数量少、合同金额大、交付周期长，该生产模式被称为分批法，也被称为大型工程项目。

在这三种生产模式中，第一种分步法是生产步骤很多的复杂产品，第二种品种法是生产步骤少、单一流水线的产品，第三种分批法才是大型工程项目。工程、产品中的绝大多数为前两种生产模式，第一种、第二种生产模式的产物就是产品，本科毕业生参加工作后能够独立进行设计/开发的也主要是前两种生产模式的产品。第三种生产模式的产物就是大型工程，而本科毕业生独立进行大型工程项目设计开发的情况较少，所以本书在后面的章节中，阐述设计/开发流程及工程项目管理时均以产品为对象。

第六节　本章小结

本章从技术发明创造、技术创新内涵的区别开始，阐述了解决复杂技术问题与复杂工程问题的本质区别，追求技术发明创造成果先进性的研发方式，就是解决"复杂技术问题"的研发方式；追求技术创新成果在市场竞争中经济回报的研发方式，就是解决"复杂工程问题"的研发方式。

本章阐述了在解决复杂工程问题的能力时，一定要遵循工程逻辑，不能只停留在掌握各门单独课程的知识点上，要聚焦在跨课程、跨专业的综合能力上，要遵循工程逻辑，运用方法论，培养系统性分析、解决问题的综合能力。解决复杂工程问题必须要以工程应用为背景；解决复杂工程问题必须要考虑产品的全周期、全流程；解决复杂工程问题必须要考虑与非技术制约因素的相容性。

 **思考题**

1. 技术发明创造的目的与技术创新的目的有什么区别?
2. 原始创新方式一定是技术创新时的首选方式吗?为什么?
3. 原始创新方式、集成创新方式、改进创新方式各有什么特色?其有优劣等级之分吗?为什么?
4. 解决复杂技术问题的方式与解决复杂工程问题的方式有什么差别?
5. 为什么解决复杂工程问题必须以工程应用为背景?
6. 为什么解决复杂工程问题必须在产品的全周期、全流程范围内考虑?
7. 为什么解决复杂工程问题时必须考虑与非技术约束因素的相容性?
8. 设计开发流程与工程项目管理各自的功能是什么?为什么两者是统一的有机体?

第二章
企业传统设计开发流程及项目管理模式

新产品性价比、可用性、可靠性、市场需求的符合度都是新产品能否占有市场的关键。但传统的产品开发、项目管理模式混淆了技术创新与技术发明创造,在新产品开发中,企业过于追求技术的先进性,在产品开发理念、组织架构、流程设计等方面都存在着方向性的问题,从而导致只要采用了传统的产品开发及项目管理模式的企业就都会出现一些共性的问题,传统的产品开发及项目管理模式在体制、机制上存在相同的问题。找到产生这些问题的根源,为彻底消除传统产品开发、项目管理模式的弊端寻找途径,是本章的意图。

第一节 传统的项目管理模式以及产品开发、立项决策流程

传统的项目管理模式过于强调"技术驱动"的作用，并将企业的技术研发部门作为公司战略、投资、产品立项、产品开发、市场竞争的核心决策部门。在传统的项目管理模式中，企业将新产品所采用技术的独创性、先进性作为制订战略、决定投资、决定新产品立项、制订产品规划最重要的依据，主要由技术人员参与决策与设计，这就是采用传统项目管理模式的企业会将研发部作为企业核心决策部门的根本原因。从本质上来说，在传统的项目管理模式中，企业混淆了技术发明创造与技术创新的定义，错将对技术的获取作为新产品开发的目的。实际上新产品开发是技术作为手段，以此来获取高价值的投资回报是真正的目的。

在传统的产品开发、立项决策流程中，研发部是新产品立项的策划者和决策者，这与传统企业的产品开发价值观有密切关系。传统的产品开发价值观以技术驱动作为核心，以所采用技术的先进性、技术指标的突破性、填补技术空白水平，作为新产品开发成功的标志。所以，在传统的产品开发决策流程中，客户的需求、市场部的意见已不再是进行新产品定义的核心决策内容，仅以研发部的技术方案作为核心依据。在传统的项目管理模式中，对新产品立项、决策的评审，几乎是技术性评审，参与评审的人员也几乎为技术型专家，这是传统的项目管理模式下普遍采用的产品立项、决策方式。

第二节 传统产品开发、项目管理模式的组织架构及部门职责

一、企业传统的组织架构

企业传统的组织架构都是围绕着新产品的开发、设计而布局的：从新产品的开

第二章 企业传统设计开发流程及项目管理模式

发到新产品的中试、生产、销售构成一个上下游串行衔接的业务流程架构，再加上必要的职能管理部门，就构成了一个完整的传统企业组织架构，如图 2-1 所示。

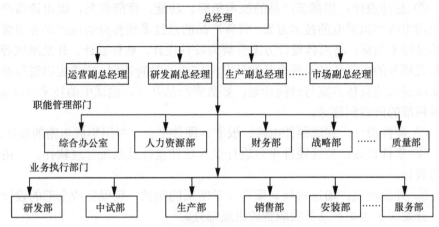

图 2-1　企业传统的组织架构

在图 2-1 中，企业传统的组织架构分为两个部门体系。一个体系是职能管理层级，如综合办公室、人力资源部、财务部、战略部、质量部等，职能管理部门不直接负责产品、业务的经营工作。职能管理部门按职能所界定的管理范围，分管全企业内该项职能。职能部门是服务和管理业务执行部门。另一个体系是直接负责产品、业务经营的业务执行部门，这一层级不仅要完成相应业务模块的管理职责，还要负责相应业务模块内业务的执行和实施。

在企业传统的组织架构中，与业务执行相关的部门有产品研发部、产品中试部、产品生产部、产品销售部、工程安装部、售后服务部等。

二、业务执行部门的职责

1. 研发部的职责

研发部职责包括技术预研、总体设计、硬件设计、软件设计、开发测试、项目管理等，如图 2-2 所示。

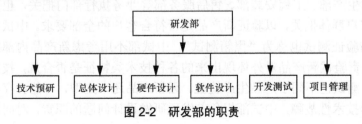

图 2-2　研发部的职责

·019·

图 2-2 中反映了企业研发部的各个功能结构组成。

① 技术预研：对新技术、新算法等尚未使用过的技术进行研究。

② 总体设计：根据新产品的技术指标、功能、性能信息，提出该新产品的结构组成和拟采取的技术方案，将新产品的总技术指标分解成产品各组成部分的分技术指标；将总体设计方案分解为硬件设计、软件设计、开发测试等每个开发环节的工作任务及每个开发环节应完成的时间计划；要确定出进行新产品集成测试的具体方案与时间计划；要负责产品开发、测试中的技术性协调；技术标准的研究制订等。

③ 硬件设计：完成硬件电路、板卡、硬件平台、专用集成电路的设计。

④ 软件设计：依托硬件平台进行嵌入软件设计及系统管理软件、应用软件的设计。

⑤ 开发测试：通过对软、硬件开发结果的测试，确保完成全部的设计指标，开发测试也是产品开发职责的组成部分。

2. 中试部的职责

中试部是研发部的下游，其主要的职责：一是检测研发部开发出的新产品样机是否能达到全部的技术指标、性能特性及功能要求；二是要验证新产品的可生产性、可安装性、可维护性及可靠性；三是完成若干次小、中批量试生产，以验证新产品是否存在小概率的技术故障或是否适合进行大规模的生产，以避免新产品大规模交付客户使用后发生严重的质量事故；四是作为高新技术产品，生产过程中的技术支持服务保障是否达标。

中试部是企业中较为特殊的部门，这是由于企业的新产品层出不穷，而研发的新产品往往会出现许多未知的技术故障，存在技术缺陷，必须在新产品销售前尽可能地发现这些问题，加以解决，中试部门就是为减少新产品发生质量事故所专门设置的业务执行部门。

（1）技术类指标验证

中试部进行的技术类指标验证包括技术指标、性能特性和功能要求。中试部进行的技术类指标测试、验证，不同于研发部的研发测试。中试部作为一个独立部门，有一套规范的验证测试流程，既要帮助高新技术企业内的所有下游环节，如生产部、工程安装部、售后服务部等业务执行部门把关，也要负责为最终的客户群体把关，以验证新产品是否符合客户的全部要求。中试部对技术类指标的验证测试也称为"黑箱测试"。中试部不用考虑新产品内部的设计过程，只负责验试新产品对外体现出来的各种技术类特征是否合规，技术类指标的验证、测试也不同于产品生产检验。因新产品还未定型，可能会存在各种各样的隐形技术性故障，中试部担负着发现研发设计问题的职责，对问题样机有向研发部提出返工、修改的权利和责任。

(2) 产品的"四性"验证

"四性"是指产品的可生产性、可安装性、可维护性、可靠性。产品一旦经中试部验证合格,就可以交付给下游的生产部、工程安装部及售后服务部生产和销售。如果产品的"四性"达不到各个部门的要求,生产部、工程安装部、售后服务部门有权力将新产品退回中试部重新中试,直至达到各部门的要求为止。当高新技术企业内部各下游业务执行部门所提出的返工要求不在中试部门的解决能力范围时,即发现是研发设计的先天问题时,中试部就有权力将具有先天性设计问题的新产品退回给研发部,要求研发部进行修改或重新开发。高新技术企业的销售部在将新产品样机提供给客户试用时,如果客户对新产品不满意,或对新产品又提出了新的改进需求,销售部有权力直接将新产品退回给研发部或将客户新需求提交给研发部,要求研发部对新产品的技术指标、性能特征及产品功能进行修改,极端情况下甚至可以要求研发部对新产品重新进行设计。

(3) 小、中批量试生产

新设计的产品会存在大量的隐形技术故障,这是高新技术产品在研发过程中难以避免的事情。无论研发测试和中试测试的要求多么严格,内部测试也只能相对减少而不能彻底消除隐形技术故障。有些技术故障的发生概率比较低,如百分之几的故障概率,在只生产几十件的小批量产品时,可能就暴露不出来。但这时企业若错误地认为该新产品没有技术故障了,误让其直接地进入大规模的生产阶段,那么在进行上百万件、上千万件的大批量生产时,这样的故障率会导致严重的产品退货、召回,将给企业的经营、声誉带来巨大的损失。所以,小、中批量中试生产是非常重要的质量事故控制环节,要进行多次中试生产,且每一次都要比上一次的中试生产数量更多。

此外,中试生产的每一批产品一定要交付给客户试用,由客户提出使用故障报告,这样的客户测试流程,也被称为"β测试"。只有在上一批次的客户测试意见经中试部、研发部查出问题原因并加以解决之后,才能进行下一批次的中试生产,否则连续的中试生产是没有意义的,只会产生更多的成本。

(4) 生产技术支撑

高新技术产品要采用强有力的技术进行支持保障,这是确保高新技术产品质量的一个不可缺少的环节,有别于传统产品的生产过程。特别是信息、通信类产品对生产的要求及技术支持覆盖面更广泛。该类产品在生产过程中都会用到模拟元器件,其中模拟元器件参数的离散性对产品质量会产生直接的影响,即便是同一元器件厂商生产的同一型号的模拟元器件,技术参数也会有较大的变化，严重情况是企业生产出的单板、整机产品的技术性能不能达标。一旦发生这种情况，产品生产线上便需要有配套的技术支持来加以解决。

当产品的可生产性较差时，单板产品一次测试通过率会较低，生产线的生产效率和产品质量将会受到严重影响。这时则需要技术人员对硬件的印制电路板（Printed Circuit Board，PCB）布线、电路参数进行调整，以解决产品的可生产性问题。有时，产品中原本采用的元器件停产，需要用新的元器件做替换；有时，为降低产品的成本，需要对原用的元器件进行更换，这时就要更改设计方案；有时，根据客户的要求，要对产品性能进行局部提升等。以上的各种情况都需要有一支专业的技术支持队伍来保障已上线产品的正常后续生产和产品质量，企业要将新产品中试作为高新技术产品生产过程中的一个环节来布局，要保证中试环节伴随产品的生命周期长期存在。

3. 生产部的职责

生产部最关心的就是新产品的可生产性，在生产线上衡量产品可生产性的标准，就是看被生产的产品，经自动生产线贴装、焊接出的电路板，一次性通过自动测试装置的测试合格率有多高。这个"一次测试合格率"称为"生产一次通过率"。只有生产一次通过率达到98%以上，产品才具有可生产性。如果合格率达不到98%，在排除掉是生产部门自身的责任后，生产部可要求中试部返工，直至达到可生产性的要求，生产部才能同意该产品移交生产。

4. 销售部的职责

新产品在上市验证过程中，销售部门的职责就是听取、收集客户对新产品的使用意见，将客户的使用意见反馈给生产部、中试部、研发部。如果反馈的意见是对隐形技术故障的暴露，意见反馈回企业后，会促进新产品的成熟、完善，也是中试部最希望得到的结果。但如果反馈的意见是对新产品功能、性能不满意，要求对新产品的功能、性能进行较大的改动，将会让企业面临一个非常尴尬的局面，这时就要重新定义该新产品，修改产品设计，甚至要重新调试并升级该产品。

5. 工程安装部的职责

工程安装部最关心的是新产品的可安装性。工程安装部希望新产品的安装非常简便，希望安装过程不需要技术要求，希望不需要使用到安装仪表。只有这样，才会使安装过程成本最低、工作量最小、劳动生产率最高。

6. 售后服务部的职责

售后服务部门最关心的是新产品的可靠性、可维护性。如果经常性发生故障，那这种产品就是低可靠性的，这无论是从售后服务部门角度还是客户角度都是无法接受的。如果产品没有很好的可维护性，一旦发生故障，新产品自身不能自动进行故障诊断,不能自动进行故障定位,此时售后服务部门将难以排除技术故障。这样的新产品在生产数量大规模增加时,售后服务部门的压力是无法承受的。

三、业务执行部门所承担的产品任务

业务执行部门需要承担企业内所有产品中与该项业务有关的任务,传统模式下各业务执行部门与各产品的关系如图 2-3 所示。

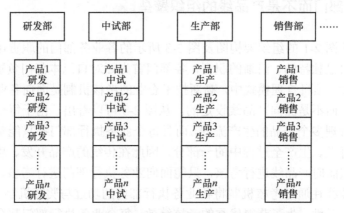

图 2-3　传统模式下各业务执行部门与各产品的关系

从图 2-3 可见,各个部门都要完成从产品 1、产品 2 到产品 n 全部产品的研发、中试、生产、销售等工作。

四、业务执行部门间的业务衔接及运转

在传统的项目管理模式中,研发部是产品开发的源头部门,是研发新产品的决定者,无论是新产品的技术指标、性能特征,还是功能种类,都是由企业研发部所决定的。在传统的项目管理模式中,研发部以技术创新、技术突破、技术领先作为新产品开发成功的标志,是一个以技术为中心的部门,也是传统企业中最核心的部门,是传统企业中最有发言权的部门。

在正常流程运转时,研发部将研发出来的新产品交给中试部,由中试部进行小、中批量试生产,中试部完成若干次小、中批量的试生产后,交给生产部进行大规模生产,然后交给销售部门销售,销售部与客户签署销售合同后,由工程安装部完成产品的安装、调试工作,将安装、调试完成后的产品提交给客

户验收，产品验收合格后交由售后服务部门进行长期的售后服务。这是企业新产品开发、上市的一套完整的业务运转流程。

第三节 传统产品开发模式在项目管理机制上的弊端

一、面向部门而不是产品线的组织壁垒

我们从图2-1的组织架构图及图2-3所示的各业务部门的职责可见，每个部门都有自己独特的、清晰的职责，各部门首先要对自己本部门负责。在传统的产品开发、项目管理模式中，高新技术企业的考核机制是面向各业务执行部门设定的，而不是面向产品线设定的。从图2-3可以看出，由于每个业务执行部门都要管理多个产品的生产流程，而且每个业务执行部门都只能负责某个型号产品的开发、生产全过程中的一部分，因此在传统的产品开发、项目管理模式中，无法面向产品线进行考核，只能面向业务执行部门进行考核。传统的高新技术企业往往通过考核机制将各业务执行部门的功过与奖惩机制挂钩，以保证考核的有效性，为了获得优秀的考核绩效，每个业务执行部门都会维护本部门的利益，各个业务执行部门就像是一座座的"碉堡"，产生这种现象的根本原因就是各个业务执行部门之间的考核目标是不一致的，大家各司其职，没有一个真正可依存的共同点将各业务执行部门的职责统一起来，最终结果是造成企业的损失。

二、"反复"的业务运行过程导致新产品开发时间的失控

在传统的产品开发项目管理模式中，各业务执行部门间的业务衔接及运转关系如图2-4所示。

在图2-4所示的传统产品开发业务流程中，研发部完成研发后交给中试部中试；中试部完成中试后交给生产部生产；生产部完成生产后交给销售部销售；销售部签单后交给工程部安装；工程部安装、调试完后交给售后服务部进行售后服务。目前，流程的运转过程中会产生大量的退回、返工现象。一个新产品不可能是完美无缺的，每个部门都会按照自定的一套流程标准、规范，对开发的样机进行严格的测试、验证，找出其中需要"返工的问题"。

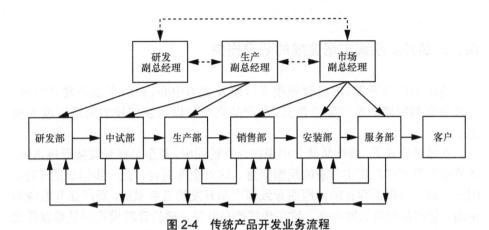

图 2-4　传统产品开发业务流程

所以，在传统的新产品开发、发布的业务运转过程中，除了正常的正向业务运转外，还会出现许多反向的业务运转。这些反向的业务运转也被称为"返工"。"返工"量的增大，意味着新产品开发周期的加长，意味着新产品开发成本的增加，严重时将导致新产品在开发时中途夭折。

在实际的传统产品开发过程中，"返工"现象也很正常。下一个环节都会依据规章和流程对产品进行测试，并提出中肯的建议，返回上一环节。这是为了使产品性能更加稳定，质量更加良好，销售数据更加优异。特别是跨领导权限范围的"返工"，如图 2-4 中的虚线所示，传统产品开发项目管理模式的协调工作量之大，传统模式中新产品的开发周期的确是难以控制的。

三、以技术驱动为主的弊端

新产品的设计始于研发部，产品研发的执行在研发部，产品研发过程中的决策与评审也在研发部，而研发部与市场、客户的接触较少，势必会导致以技术为主的产品开发模式，将技术预研与产品开发融为一体，以体现技术的先进性，但是对后端落地欠缺了解。研发部开发一个新产品常以技术突破为主，以新产品技术指标的高超为追求目标，为了技术的创新而创新，而没有很好地去考虑新产品的商业模式、与竞争对手的竞争结果、客户的接受程度、投资的回报等问题。总而言之，以技术为主、以研发部为中心的传统产品开发模式，是面向技术先进性而进行的产品开发，不是以客户为中心的产品开发模式。可想而知，用这样的开发模式开发出的新产品，容易出现"叫好不叫座"的局面，成为不被市场接受的技术创新，这对高新技术企业而言将是最大的投资风险。

四、产品开发脱离市场造成的研发损失

传统的产品开发、项目管理模式以研发部为中心,在新产品开发立项时,并没有得到明确的客户需求信息,新产品立项是以研发部技术创造程度为依据的。

在这种模式下,新产品就会出现在开发过程中,甚至是在开发接近尾声时,才能逐步得到客户真实需求的反馈信息。这对企业而言,是一步错误的工序。因立项决策流程上存在的问题而导致新产品开发的效率很低,新产品开发成本很高,新产品开发失败率高,这在传统产品开发、项目管理模式中是难以避免的事情。

五、混淆技术预研与产品开发的界线带来的损失

技术预研是指高新技术企业对尚未掌握的新技术、尚不熟悉的新理论进行超前研究的过程。在技术预研中,企业所采取的技术创新方式大多是用原始创新的方式,原始创新是一项探索性、开创性的技术创新,开创性的技术研究所耗时间是难以控制的,研究的结果也是难以预测的。技术预研的结果可能是成功的,也可能是失败的,是一个未知因素较多的科研探索性工作,所需的开发资金也是不确定的,其研发预算的可信度相对较低。

而新产品是要面对激烈的市场竞争的,对开发周期、开发资金有很高的预判要求。如果企业混淆了技术预研与产品开发的界线,在新产品的开发过程中增加许多技术预研的工作,将使新产品的开发时间和所需资金变得更加不可控。一旦技术预研迟迟达不到预期结果,其他部门的开发人员将会出现带薪等待的结果,从而导致研发成本大幅超标,使得新产品发布时间无限期延迟。

更为严重的是,若技术预研的技术研究成果没有经过任何市场验证就使用到新产品中,那么待大规模商用时再暴露出先天性的问题,将会给企业带来十分巨大的经济损失。

传统的产品开发、项目管理模式,为提高新产品的技术卖点,会有意在产品开发过程中增加目前尚未完全掌握的原始创新技术内容,且不区分技术预研和产品开发,将未经验证的技术创新成果直接用于大规模的生产、商用,最终将极易产生产品开发成本的大幅上升,导致新产品发布时间严重推迟的结果。

六、传统的产品开发、项目管理模式不利于产品的独立核算

1. 不利于产品的独立核算

在传统的产品开发、项目管理模式中，每个业务执行部门都要同时承担多种新产品的执行任务，难以按产品型号在业务执行部门内进行产品的独立核算。所以在传统的产品开发、项目管理模式中均将研发部、中试部、生产部、销售部、安装部、服务部等业务执行部门作为成本中心来管理。这里的成本中心是不要求对业务执行部门进行财务的独立核算，业务执行部门不考核盈利能力。每种新产品在不同业务执行部门中所发生的成本都先归集到该业务执行部门（成本中心）的成本总账中，然后再按每种新产品在当期的销售额占企业总销售收入的比例，将各成本中心中的成本总额按不同产品型号进行成本分配，以实现按产品型号的独立核算。这种所谓的独立核算是极不准确的，实际上就是一种"成本大锅饭"的分摊制。

企业若不能准确地对新产品进行独立核算，就无法准确地知道新产品是亏损或盈利的。同时，企业不能准确地核算出每一种新产品的具体成本，无法对新产品科学地定价，这将会导致企业盲目经营。

2. 难以进行产品的全成本核算

由于传统的项目管理模式是将业务执行部门当作成本中心来管理的，因此在成本中心内，当期所归集的全部成本，是不分产品、不分费用明细的，而企业新产品开发的高额成本往往是跨年度发生的，这样一来，其结果是新产品在当期所发生的开发成本无法与该新产品一一核对，而是被当作企业当期的管理费用（固定成本）来核算，使得新产品在全生命周期内的成本核算、管理变得难以实施。所以说，传统产品开发、项目管理模式的成本管理方法过于粗放，非常不利于降低、控制与管理产品成本。

第四节　传统的产品开发、项目管理机制严重阻碍企业的发展

正如上节描述，由传统产品开发、项目管理模式引发的种种弊端已成为传统产品开发的体制、机制的共性问题，已成为所有采用传统产品开发、项目管理模式的企业共性问题。

企业刚成立时，新产品数目较单一，组织结构的问题并不突出，这时面向

业务执行部门的组织结构与面向产品线的组织结构之间并没有本质的差别，采用传统企业的产品开发、项目管理模式的管理效率也很高。但随着企业的成长和企业内新产品开发数量的逐渐增多，面向业务执行部门的组织结构与面向产品线的组织结构之间的差别会拉大，前面所述的各种共性问题会突显得越来越严重，企业的管理效率将会越来越低下。不同的企业产生的共性问题的表象是高度相似的：一是企业的市场反映速度很慢；二是新产品的开发周期太长；三是新产品的稳定性很差；四是新产品的开发成本很高；五是新产品的开发失败率很高；六是企业的盈利能力很差。这些问题不是偶然的，而是所有采用传统项目管理模式的高新技术企业都会遇到的。

第五节　本章小结

本章详细介绍了传统企业中常用的组织架构、各业务执行部门的职责，以及各业务执行部门之间的业务流程关系。传统企业的产品开发、项目管理模式的核心是以技术驱动为主的，并且以研发部作为新产品开发立项的核心部门。研发部以技术突破、技术领先作为新产品开发成功的标志，是一个以技术为核心的业务执行部门，是传统企业中最核心、最有发言权的部门，是新产品开发的决策者。而其他的业务执行部门，如中试部、生产部、销售部、工程安装部及售后服务部与研发部构成下游级联关系，在流程上各司其职、各管一段，市场客户的反馈意见不能直接反馈到研发部门，而是要通过若干部门逐一上传，构成"上传下达"的串联关系，一环扣一环。各业务执行部门由企业的不同副总来管理，除企业总经理外，没有一个人能够同时管理所有的业务执行部门，这种组织架构形成了"碉堡"式的部门壁垒。

传统企业面向部门而不是面向产品的组织架构，以及反复循环的产品开发业务流程和以技术驱动为主的产品开发决策流程，导致了传统产品开发、项目管理模式出现众多弊端。这些弊端将会严重阻碍企业的发展，必须要从根源上解决这些弊端。

 思考题

1. 中试在新产品的开发中起到什么作用？

2. 面向部门的管理模式为什么会形成组织壁垒？
3. 为什么传统产品开发、项目管理模式中会形成"流程反复"？
4. 为什么在传统产品开发、项目管理模式中产品的开发周期、开发费用会失控？
5. 为什么追求产品所用技术的标新立异容易造成新产品的开发失败？
6. 什么是成本中心？什么是利润中心？成本中心的弊端是什么？

第二篇
集成产品开发（IPD）模式的创新

- 第三章　集成产品开发（IPD）流程及项目管理模式
- 第四章　集成产品开发模式的组织架构
- 第五章　集成产品开发模式的开发流程及管道管理

第三章
集成产品开发（IPD）流程及项目管理模式

新产品开发原本就是一种技术创新行为，但传统产品开发、项目管理模式在产品开发的核心理念上却发生了错位，其将技术创新的目的错位为技术发明创造，其核心理念上的错位造成问题成为体制和机制上的问题。要想从根源上彻底解决传统产品开发、项目管理模式现存的问题，就应先从产品开发的核心理念上进行变革，采用问题倒逼机制来解决问题，IPD（Integrated Product Development，集成产品开发）模式就是在这样的背景下产生的。IPD模式与传统产品开发、项目管理模式的本质差别体现在新产品开发的核心理念、新产品开发的组织架构、新产品开发的业务流程、新产品开发的项目管理模式等方面。本章主要阐述IPD模式在产品开发上的核心理念。

第一节 集成产品开发模式的问世

由于传统产品开发、项目管理模式所产生的新产品开发周期长、开发成本高、开发成功率低等问题,已不再只是个别企业因管理不善所产生的问题,而是已成为全世界范围内的共性问题,因此,凡是将技术驱动作为唯一发展战略的企业都面临着这个"技术创新陷阱",这些共性问题是任何一个企业管理者都不愿看到的。世界范围内的企业管理者都在不断地探索解决"技术创新陷阱"问题的方法,但收效都不明显。

直到20世纪90年代初期,美国IBM公司作为世界创新型企业的杰出代表之一,在激烈的市场竞争环境下,也遭遇到传统产品开发、项目管理模式所带来的同样问题,这些问题使IBM公司陷入严重的经营困境之中,最终迫使IBM公司下定决心彻底解决这个"技术创新陷阱"。IBM公司在全球率先创造并采用了集成产品开发模式,有针对性地用集成产品开发模式来解决传统产品开发、项目管理模式中具有的体制性、机制性的问题。

IPD模式在刚引入中国时被翻译成"集成产品开发模式","集成产品开发模式"的名称使很多人都误认为IPD模式是集成电路的开发方法,这在某种程度上影响了IPD模式在中国的快速推行。根据"Integrated"的词义及IPD模式的实际工作流程,将IPD模式翻译为"综合产品开发模式"或"跨部门综合产品开发模式"会更加贴切,但毕竟"集成产品开发"的名称在国内已被称20余年,再改名称反而会造成概念混乱,故在本书中仍然将IPD称为"集成产品开发"。

IBM公司对新产品开发模式的变革是有明确针对性的,在充分剖析了造成传统产品开发、项目管理模式产生各种问题的根源后,有针对性地对公司内的产品开发核心理念、产品开发组织架构、产品开发流程及项目管理模式等方面进行了重大变革。通过4~5年的努力,到1996年,IBM公司对产品开发模式的重大变革终于被验证、确定,变革成果成功在IBM公司全面实施,IBM公司将这个变革成果称为IPD模式。也就是说IBM公司不仅创造了IPD

模式，还在世界范围内第一个在新产品开发中实施了 IPD 模式。IBM 公司实施 IPD 模式后，新产品的研发周期大幅降低，开发成本大幅下降；在新产品开发数目相同的情况下，研发费用总额占总销售收入的比例比原来明显降低，人均产出率大幅提高；新产品的质量明显提升；新产品开发的失败率也明显降低。通过实施集成产品开发模式，IBM 公司的核心竞争力明显增强，公司的盈利能力也大幅提升，从而重新走向辉煌。

IBM 公司在集成产品开发模式上的成功探索，对国际上的创新型企业产生了极大影响，因为 IBM 公司遇到的"技术创新陷阱"问题，也是困扰其他跨国创新型企业的现实问题，IBM 公司的成功探索，使世界上有实力的创新型企业纷纷开始进行新产品开发模式的变革，并均开始实施集成产品开发模式。到 20 世纪 90 年代末，集成产品开发模式已被国外的大中型企业普遍认同，并被广泛用于企业新产品开发的项目管理中。

1999 年年初，中国引进集成产品开发模式，并首先在深圳的一家大型企业实施。从此，集成产品开发模式开始被中国的企业关注。

第二节　集成产品开发模式的基本概念

传统产品开发、项目管理模式给企业发展带来的是体制性、机制性、共性的问题，是亟待解决的问题。集成产品开发模式的建立有明确的针对性，其使命就是要彻底解决传统产品开发、项目管理模式中越来越制约企业发展的一系列问题。本书在前面章节中对传统产品开发、项目管理模式的组织架构、业务执行部门的职责、业务执行部门间的业务衔接关系、产品开发的业务流程及新产品立项决策的流程等方面进行了详细的分析，通过分析得知传统产品开发、项目管理模式本身就是产生共性问题的根源所在。这些共性问题产生于多个方面，一是组织架构所形成的组织壁垒，二是业务流程的"反复"性，三是用技术驱动替代市场驱动，四是用技术决策流程取代战略、投资决策流程等。因此，集成产品开发模式应针对传统产品开发、项目管理模式的问题根源加以解决，以达到有效提高研发效率、明显缩短产品开发周期、大幅降低产品开发成本、显著提高新产品的稳定性、大幅降低产品开发失败率等目的。为达到这些目的，集成产品开发模式在产品开发的核心理念、组织架构、业务流程、决策机制、技术共享平台、项目管理模式等方面都进行了重大变革。

集成产品开发模式作为先进的产品开发模式，基本概念概括如下。

（1）新产品开发是一项投资决策

IPD 模式十分强调对产品开发进行有效的投资组合分析，以投资回报为依据决定是否对新产品立项开发，并在开发过程中设置许多流程评审点和决策评审点，通过阶段性评审来决定新产品开发项目是继续、暂缓，还是终止。

（2）基于市场的开发

IPD 模式强调产品创新一定是基于市场需求和竞争分析的。为此，IPD 模式将商机的把握、商业模式的确定、市场需求的分析、产品的定义作为流程的第一步，强调从开始就要把事情做正确。

（3）跨部门的协调

IPD 模式采用跨部门的产品开发团队，通过有效的沟通、协调以及决策，尽快将产品推向市场。

（4）异步开发模式

异步开发模式也称为"并行工程"。异步开发模式通过严密的计划、准确的接口设计，把原来许多后续的串行业务流程提前，改为并行流程，这样可以大幅缩短新产品上市的时间。

（5）技术重用性

IPD 模式采用公用基础模块（Common Building Block，CBB）及平台化设计理念来提高产品的开发效率，降低开发成本，缩短开发周期。

（6）结构化的流程

新产品开发具有相对不确定性，因此要求开发流程在非结构化和过于结构化之间找到平衡。

IPD 模式的框架是 IPD 项目管理的精髓，它集成了代表业界最佳实践的诸多要素，具体包括异步开发模式、公用基础模块、跨部门团队、项目管道管理、结构化流程、客户需求分析、优化投资组合和衡量标准等方面。

本书从下一章开始,将会详细介绍 IPD 模式的组织构架、业务流程及 IPD 模式的系统项目管理方法,本章只着重介绍 IPD 模式的基本概念和核心理念。

第三节　集成产品开发模式的核心理念

在集成产品开发模式中，采用"技术驱动"与"市场驱动"相结合的两轮驱动方式，不是将新产品开发作为技术性决策，而是作为投资性决策；不仅将决策机构与技术部门相分离，就连新产品的开发也不由研发部门独立承担，而且交由包括研发部在内的多个跨部门的业务执行部门共同承担。集成产品开发模式之所以要对新产品开发的核心理念、组织架构、开发流程、决策流程进行重大调整，是因为要使新产品开发模式走向"技术创新"的道路，而不是走向唯"技术发明创造"的道路。

IPD 模式的新产品开发核心理念与传统产品开发、项目管理模式的差别是非常明显的，两者在核心理念上的差别体现在几个方面：IPD 模式对新产品的开发是作为投资进行管理的，追求的是投资回报；IPD 模式对新产品的开发以技术创新作为目的，追求的是新产品的市场应用；IPD 模式对新产品的开发是以客户为中心的市场行为，追求的是客户对新产品的满意度。这就是 IPD 模式的核心理念。

IPD 模式是市场驱动与技术驱动的有机结合体，从头到尾都强烈地体现出产品开发的市场意识和投资意识，强烈地追求市场需求的满足和企业的价值回报，并将其作为一切产品开发工作的指导思想和基本纲领，确保市场竞争意识和投资回报意识不能仅停留在口号上，IPD 模式用产品开发中新的组织架构、新的业务流程和全新的项目管理方式对此加以保障。而传统产品开发、项目管理模式仅以技术驱动作为创新型企业的核心，仅以采用技术的先进性、技术指标的突破性、填补空白的水平作为新产品的成功标志，在产品开发中的市场意识和投资回报意识是非常淡薄的。不要简单地认为以上这些问题只是一些思想认识上的问题，就是因为这些新产品开发中核心理念上的本质差别，最终形成了 IPD 模式与传统产品开发、项目管理模式之间的本质差别。

目前，虽然 IPD 模式是国际上大多数企业都已认同的产品开发管理模式，并且已成为国际上进行新产品开发的首选模式，但到目前为止，IPD 模式还没有形成统一的国际标准和公认的认证体系，因此企业在实施 IPD 模式时要避免"教条主义"，不要为了实施 IPD 模式而实施 IPD 模式，要以解决传统产品开发、项目管理模式中的现存问题为核心，以提升企业竞争力和经营效益为目的来实施 IPD 模式。

第四节　本章小结

集成产品开发模式的建立有明确的针对性，使命就是要彻底解决传统产品开发、项目管理模式中越来越制约企业发展的一系列问题。

IPD 模式是市场驱动与技术驱动的有机结合体,从头到尾都强烈地体现出产品开发的市场意识和投资意识,强烈地追求市场需求的满足和企业的价值回报,并将其作为一切产品开发工作的指导思想和基本纲领。

 思考题

1. 为什么说 IPD 模式是技术创新的模式?
2. IPD 模式进行产品开发的核心理念是什么?
3. IPD 模式将新产品开发作为投资项目进行决策,你如何看待这与原来的差别?
4. 你认为 IPD 模式与传统的产品开发、项目管理模式最大的差别体现在那些地方?

第四章
集成产品开发模式的组织架构

传统产品开发、项目管理模式中的许多弊端都来源于新产品开发的组织架构，要想解决这些因组织架构所产生的问题，就一定要变革企业新产品开发的组织架构。在实施集成产品开发模式的过程中，组织架构的变革是所有变革中最剧烈的部分，但也是带来变革成效最多的部分。任何事物都有两面性，在带来诸多改革成效的同时，集成产品开发模式的实施初期也将会给企业的管理带来巨大的改革阵痛，特别是对于采用东方管理文化的企业而言，组织架构变革所产生的剧烈阵痛，有时是企业难以承受的，有的企业会因此而中途放弃推行集成产品开发模式。

第一节　集成产品开发模式面向全周期、全流程的产品线

一、集成产品开发模式在项目管理上的重大变革

集成产品开发模式在项目管理上有三个重大变革。

1. 改变了项目管理的组织架构

设计/开发流程与项目管理一体化原本是工程项目管理的共性规则，但在传统的产品开发、项目管理模式中，项目管理过于面向"技术驱动"，而不是面向"市场驱动"，导致项目管理和技术方案决策都由技术团队来完成，造成了传统产品开发、项目管理模式的诸多弊端，在集成产品开发模式中所进行的重大变革之一就是改变了项目管理的组织架构，成立了集成产品管理团队（Integrated Product Management Team，IPMT），专门负责项目管理中的重大决策，同时又成立了产品开发团队（Product Development Team，PDT），专门负责项目的设计/开发流程实施及 PDT 中的项目管理。

2. 建立了新型项目管理的决策机制链

在集成产品开发模式中所进行的重大变革之二就是改变了项目管理的决策机制链，将项目管理分为 IPMT 和 PDT 两个层面。IPMT 的项目管理职责是与投资相关的重大项目管理决策，PDT 的项目管理职责是与设计/开发流程执行、实施相关的项目管理决策，虽然分别成立了 IPMT 和 PDT，但两者又是一个完整的项目体系，既有分工，又有紧密的合作。为使分工、协作有条不紊地进行，集成产品开发模式专门构建了 IPMT 和 PDT 间的工作机制链。

3. 设立了面向市场的全周期、全流程设计/开发流程

在集成产品开发模式中所进行的重大变革之三就是设立了面向市场的全周期、全流程设计/开发流程，以解决传统产品开发、项目管理模式面向管理部门的弊端。

二、建立新型组织架构的目的

1．建立面向产品线的组织架构

传统产品开发、项目管理模式的组织架构对企业的发展起到了阻碍的作用，原因是此时的组织架构是面向业务执行部门而不是面向产品线的。所以，在建立集成产品开发模式时首先要对传统产品开发、项目管理模式的组织架构进行变革，目的是使管理、考核的关注点从面向业务执行部门转变为面向产品线，达到以产品线为中心来管理的目的，使所有的业务执行部门都围绕着产品线而工作，这样大家的目标就一致了。

2．变"反复"式业务流程为"一体化"式业务流程

变革组织架构后，所有业务执行部门的考核目标是一致的，就不会再出现"反复"式的业务流程，可最大限度地避免无休止的"返工"现象。在新组织架构中，所有的业务执行部门都在产品线的开发团队中并行工作，上、下游都参与到了所有的业务流程环节中，这样"反复"式业务流程关系变为"一体化"式业务流程关系，不仅大大减少了"返工"的现象，还极大地提高了新产品的开发质量及客户对新产品的满意度。

三、集成产品开发模式的组织架构

集成产品开发模式的组织架构如图 4-1 所示。粗看，图 4-1 与图 2-1 没有什么差别，但仔细对比，可以发现在图 4-1 中多了几个虚线框，图中的每一个虚线框就是一个跨部门的团队组织。图 4-1 中上面的虚线框就称为 IPMT。IPMT 的成员中涵盖了高新技术企业中的部分领导及企业中主要的职能部门、业务执行部门的负责人。在图 4-1 的下边有若干个虚线框，每一个虚线框都称为一个 PDT，成员来自于高新技术企业内的各个业务执行部门。图 4-1 下面如果有多个虚线框，就意味着有多个 PDT，可分别称为 PDT_1……PDT_n。每一个 PDT 就代表一个产品线，PDT_1 就代表第 1 个产品线，PDT_n 就代表第 n 个产品线。图 4-1 可以抽象为图 4-2 IPD 跨部门团队的组成。

IPMT 是项目决策、项目管理的核心团队，由企业决策层指定人员组成，职责是确保企业在市场上有正确的产品定位及规划，保证项目资源到位，并控制投资方向。一个 IPMT 可同时管理多个 PDT，并从市场的角度考察他们分别是否盈利，并适时终止前景不好的项目，保证将有限的资源投入高回报的项目中。

设计开发流程与工程项目管理的原理及运用

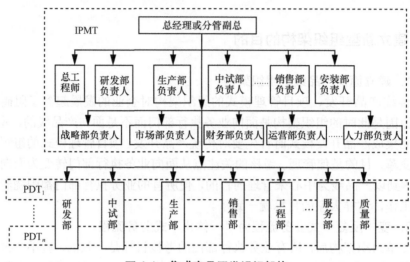

图 4-1 集成产品开发组织架构

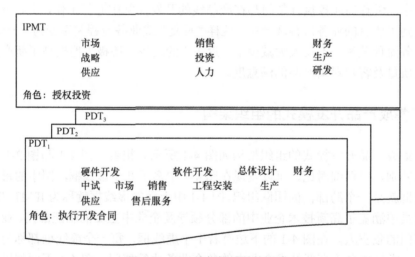

图 4-2 IPD 跨部门团队的组成

IPMT 在组织形式上是一个虚拟的团队。因参加 IPMT 的成员，要么是企业最高管理层成员，要么是企业的部门负责人，平时都有自己的本职工作，只有当 IPMT 需要开会决策时，成员才聚集起来行使 IPMT 的权力。IPMT 这个虚拟团队有负责人和核心领导团队，负责人至少应该是企业的某副总裁，也可能由总裁亲自担任。

PDT 是具体的产品开发团队，关注的是产品设计/开发流程的实现，是执行团队，成员都是业务执行部门的班组长及员工，职责是制订具体的产品策略和产品开发计划,执行产品开发计划,确保按计划及时地将新产品投放到市场。PDT 是一个伴随产品线的建立而动态组织起来的实体组织,PDT 的成员在产品开发期间在一起工作,由产品线的经理全权负责,是产品线经理负责的项目单列式组织结构。当 IPMT 决定立项组建一个新的产品线时,就要从各个业务执行部门及部分必要的职能部门调配相应的人员加入 PDT 组织。参加 PDT 的人员需要接受双重领导,这些人员本身的归属还是原来的职能部门或业务执行部门,但被借调到 PDT 中来工作,日常的工作接受 PDT 的指挥及考核,但如果该人员不能胜任 PDT 的工作时,PDT 有权将该人员退还给原来所在的部门,并可要求该部门再重新派遣合适的人员参加 PDT 的工作。产品线 PDT 的组织架构如图 4-3 所示。有多少个部门进入 PDT,以及参与人员的多与少,取决于 PDT 与业务执行部门、职能部门的管理矩阵是"轻度"还是"重度"。"轻度"时,研发部门作为一个整体派员进入 PDT;"重度"时,研发部内的二级部门(如硬件单位、软件单位等)都会作为独立的派员单位形成管理矩阵。

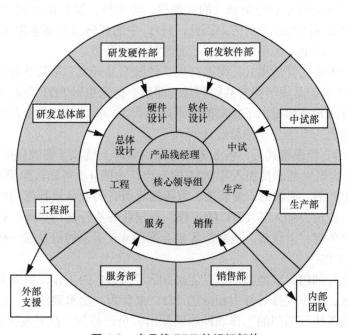

图 4-3 产品线 PDT 的组织架构

采用 PDT 跨部门团队后,图 2-2 中的传统产品开发模式下的业务执行部门的职责发生了重大的改变,产品开发模式的转变如图 4-4 所示。

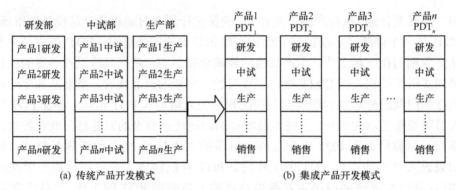

图 4-4　产品开发模式的转变

从图 4-4 可见，成立跨部门的 PDT 后，产品的开发组织形式发生了翻天覆地的变化。这时，一个产品线的 PDT 要负责该产品的开发、中试、生产、销售、工程、服务等与该产品有关的一切事情，因此中试、生产、销售、工程、服务中的任何环节出了事情，都将由该 PDT 的核心领导班子承担一切责任。PDT 的核心领导班子有完全独立的管理权，可考核、奖惩该 PDT 中的任何成员而不用顾及该成员来自何方。因此，PDT 中的任何成员都非常关心本 PDT 产品线的各个环节，而不仅是对自己分管的工序负责。

这种跨团队的管理模式，彻底打破了传统产品开发、项目管理模式的"部门碉堡"，成员们组成了拥有共同利益的团队。但这也对 PDT 负责人即产品线经理的各方面素质都提出了极高的要求，换言之，对 PDT 负责人的选择实际上就是在挑选一个子公司的总经理。

采用 PDT 管理模式后，各业务执行部门实际上就成了资源保障部门。

图 4-5 为研发部派员加入各 PDT 的示意。由图 4-5 可知，除研发部之外，中试部、生产部、销售部、安装部、服务部等所有的业务执行部门也都要像研发部一样，派员去加入各 PDT 的工作。不仅业务执行部门如此，有一些职能部门，如财务部、市场部、战略部等也会像图 4-5 所示的研发部一样，派员加入 PDT 的工作。

业务执行部门、职能部门一旦派员加入了 PDT 的工作，所派人员的日常管理、考核、工作安排等都由相应的 PDT 来负责。更重要的是，因为派出人员原所在业务执行部门的工作职能也随派出人员迁移到产品开发团队，所以所有业务执行部门与该产品相关的职能从此就由该产品开发团队自己来承担，而不再由原有的各业务执行部门来承担，这是非常大的组织结构及职能分工的变化。业务执行部门变成了资源支持部门，如研发人员被派到各 PDT 后，专门负责各产品的开发，以后这些产品的开发与产品研发部就没有直接的关系了。

如果所派研发人员的数量和素质达不到 PDT 的要求，PDT 有权要求研发部增加派员和换员，直至达到要求为止。PDT 不仅对被派到本团队的研发人员有管理和考核权，甚至还对研发部负责人的考核评分有着重要的建议权。这样，就能以机制来保障研发部对 PDT 的良好服务质量及态度。所以，按图 4-5 进行组织架构的变革后，研发部就成了一个研发资源保障和供给部门。这里所说的资源包括研发人员的培养和输出，其中包括公共技术及平台的培育和输出、研发工具及仪表的配置和调配等内容。

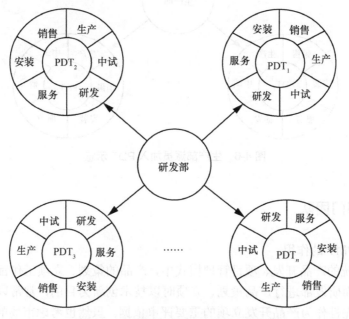

图 4-5　研发部派员加入各 PDT 的示意

为便于理解，下面再以生产部为例来说明产品开发团队与业务执行部的关系。

如同研发部派员到各 PDT 的做法一样，生产部也要用同样的方式派员到各个 PDT，如图 4-6 所示。这里要解释的是，生产部并不是将某厂房及生产设备全部划拨给 PDT。组建 PDT 后，厂房及生产设备仍归生产部门管理，生产部仍要负责生产环境的正常生产条件的保障，任何影响正常生产的责任都在生产部门，且当现有的生产能力不能满足某 PDT 生产要求时，责任也仍在生产部门。但某产品线生产的人员、生产设备的日常安排却都要交由该 PDT 来负责和管理，PDT 保障该产品的生产计划、组织、实施的工作顺利进行，这时生产部门就成了生产条件保障部门。

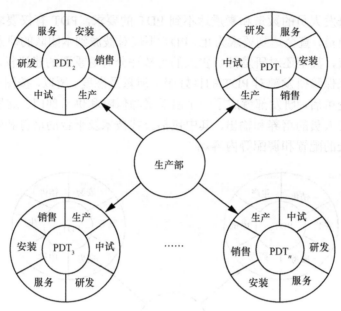

图 4-6　生产部派员加入 PDT 示意

四、跨部门团队

1. IPMT 的作用

在传统的产品开发、项目管理模式中，产品的策划、立项工作都以研发部为核心，而研发部进行产品策划、立项时以技术创新为目的，常常以技术的先进性、领先性作为产品开发立项的重要评审依据。虽然也考虑市场的需求，但相比技术因素，对市场的考虑是相对较少的。

集成产品开发模式把产品策划和产品立项都看作是投资行为、战略决策及企业高层的决策行为，并交由 IPMT 来负责。IPMT 决策的信息来源是市场信息、客户的需求反馈、竞争对手的信息、技术的发展趋势、当前企业的产品现状、企业的发展战略等。依据以上的信息来源，IPMT 随后会做产品策划，制订融合并优化各产品线的业务计划，提出产品线的规划，提出资金和资源的配套计划等。IPMT 的核心工作是把握商机，确定商机的产品盈利模式及制定综合商业计划。

IPMT 的引入与传统的项目管理模式相比，最大的不同点在于产品商机的把握、商业模式的确定、商业计划的制订、投资计划的决策不再是唯技术论。在 IPMT 的决策过程中，研发部负责人、技术总监虽都参与决策，但技术因素只是决策的考虑因素之一，产品的最终综合竞争能力、商业模式、投资回报才是 IPMT 进行决策的关键内容。

2. PDT 的作用

在传统的产品开发、项目管理模式中，业务执行部门都是"管理碉堡"，各自为政。各业务执行部门，如研发部、中试部、生产部、销售部、工程部、售后服务部等，上级领导各不相同，就会出现谁也不服谁管、各司其职、互不妥协、难以协调的局面，会严重阻碍产品开发进程。迟来的用户新需求信息又会随时中断正在进行的产品开发进程，甚至会造成产品开发项目的终止和废损。

但在集成产品开发模式中，每一个 PDT 中都包括了研发、中试、生产、销售、工程、服务、财务、市场等业务执行部门及职能部门的人员，大家组成了一个新的实体而不是虚拟的团队。这个团队的成员虽来自于不同的职能部门和业务执行部门，但此时大家都有一个相同的领导，即该 PDT 的产品线经理。PDT 的组织结构如图 4-3 所示。

在图 4-3 中，中心圆内为 PDT 的核心领导，由该产品线的经理及负责的 PDT 领导层组成；中间的圆环为 PDT 的团队组成人员，他们来自于最外圆环的外围资源支援部门。根据 PDT 所要求的人员素质、专长及数量，外围的资源支援部门将符合要求的人员派到 PDT 中，交由该 PDT 管理，即为中间环的人员，同时要接受双重领导：日常的工作接受 PDT 的领导并被 PDT 考核，但同时又是外围资源支援部门的员工。对外围资源支援部门而言，该员工属于委派制，两者之间构成劳务输出关系。如果委派到 PDT 的员工表现不好，PDT 有权退回该人员，并可要求其所在的原部门重新委派人员到 PDT 工作。

集成产品开发模式采用图 4-3 所示的组织结构后，进入 PDT 的所有职能部门及业务执行部门的人员都由 PDT 的产品线经理及核心领导小组领导。他们没有每个部门的各自利益，原来各部门之间的协调屏障、责任之争突然之间就烟消云散了，上下游之间的矛盾都成为一个团队内部的事务了。

第二节 集成产品开发模式组织架构给项目管理带来的好处

集成产品开发模式与传统产品开发、项目管理模式相比变革是非常大的，甚至可以说集成产品开发模式的组织形式及运行方式基本上颠覆了传统产品开发、项目管理模式的组织形式及运行方式。下面来分析一下这么大的变革带来的好处是什么。新的组织架构和运行方式能够彻底弥补传统产品开发项目管理模式组织架构的缺陷吗？

一、从关注部门到关注产品线的转变

采用集成产品开发模式的组织架构后，企业内部的管理模式发生了极大改变，如图 4-4 所示。在图 4-4（a）的传统产品开发、项目管理模式中，任何一个业务执行部门都要管理、实施所有的产品，这时不可能只按某一个产品型号来对业务执行部门进行考核。从产品线的角度来看，在传统的产品开发项目管理模式中，任何一个产品线都被研发、中试、生产、销售、安装、服务等众多的业务执行部门分割，无法从某一产品线的角度来进行管理和考核，最终能有效进行考核的只能是业务执行部门，而每一个业务执行部门的职责又是不重合的，因此各业务执行部门就不会有共同的管理和考核目标，就会导致"铁路警察，各管一段"的局面，出现传统产品开发、项目管理模式组织架构的各种弊端。

如图 4-4（b）所示，采用集成产品开发模式后各业务执行部门与该产品线相关的人员已全部都被放到该产品开发团队中，每一个 PDT 中都有可自行管理和考核的全部业务模块，可由团队本身独立完成新产品的研发、中试、生产、销售、安装、服务等全部业务流程。因此，集成产品开发模式可按产品线考核，而这是传统产品开发、项目管理模式难以做到的。

传统的产品开发、项目管理模式中只有在企业刚成立且只有一条产品线时，才可能做到面向产品线的管理，这种特例如图 4-7 所示。这时可将整个企业看作一个产品开发团队。

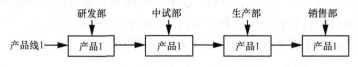

图 4-7　只有一条产品线的传统产品开发项目管理模式组织架构

只有在这时，传统产品开发、项目管理模式中的每一个业务执行部门只面对一个产品线，就相当于是产品开发团队的组成部分，企业的经营管理者也可同时视为该产品线的负责人，这时对产品线的考核就是对整个企业的考核。所以在企业规模很小且为单一产品线时，传统产品开发、项目管理模式的组织架构才没有明显的缺陷，这与集成产品开发模式的组织架构是有相似之处的。但随着企业在研的新产品越来越多，采用传统产品开发、项目管理模式的组织架构时,其缺陷就会越来越突出,企业必然会陷入困境。

但采用集成产品开发模式的组织架构后,无论企业的产品线数量增加多少,在企业内部都是按产品线管理、考核的,组织架构始终是面向产品业务流程和经营收益的。也就是说,采用集成产品开发模式的组织架构后,在大型企业内仍可保留新兴企业的活力,避免了企业扩展后的"大企业病"。这就是集成产品开发模式组织架构变革带来的重要好处之一。

二、从"反复"式业务运转流程到"一体化"的转变

采用传统产品开发、项目管理模式的组织架构时,各个业务执行部门都以部门利益为重而形成业务流程的"反复"循环。不断地"返工"就意味着产品开发周期的不断延长,就意味着产品开发成本的不断增加,但此时产品线的负责人对此无能为力。

采用了集成产品开发模式的组织架构后,情况就完全不一样了。这时,产品线中所有的人员都归产品线经理统一管理,而且与该产品线有关的各业务执行部门的职能也一并被切过来了。也就是说,新产品从研发到中试、生产、销售、安装、服务等职能都在该产品团队内部管理,体制的壁垒也就不复存在了。产品线上、中、下游的人员共同参加上游的开发:在进行产品开发时,中试人员会提前提出该类产品中试的测试方法、规范和要求,与产品开发人员共同设计保证圆满实现中试要求的产品方案;生产人员会与研发、中试人员一起研究生产测试装置、工艺的实现,共同设计满足可生产性的方案;销售人员会在制订产品开发方案时,就提前反馈客户的需求,主动参与新产品的定义,这时新产品的开发就成了销售部的定制产品;同样,安装、服务人员也会在早期就参与到上游的产品开发过程中。大家会共同避免"反复"或"返工",从而极大地提高新产品的开发效率。

但也有人会担心:此时的产品线经理又当"运动员",又当"裁判员",会不会弱化下一道工序对上一道工序的质量监督职能,造成人为的产品质量降低?其实这种担心是大可不必的。因为无论是在哪一个环节放松了要求,造成了新产品的质量问题,客户一定会因为产品出现质量问题而不满意,从而做出不订货、不付款或退货的行为,客户的任何不满意的行为都会导致该产品销售业绩的下滑,其后果都会由该产品线经理来承担全部的责任,该产品线团队的全体人员都会受到因业绩下滑而影响个人的奖金,这就促使产品开发团队的每个人都为产品的质量负责。这就是以产品线为单位管理和考核的好处所在。产品线的开发团队其实就是一个虚拟的利润中心,要承担从研发、中试、生产、

销售、安装、服务到回款，以及收入和利润核算等所有与该产品线有关的责任，每一个产品线的开发团队成员除基本固定工资外，其他所有的浮动工资、奖金等都与该产品线的利润挂钩，所以产品开发团队的经理和整个产品开发团队成员必然都必须高度地关注该产品的质量、销售业绩，所有环节都是同一个"利益共同体"，"利益共同体"中的任何一个环节的产品质量都与大家的利益相关，大家会共同保障产品的质量。

集成产品开发模式的组织架构能有效地完成产品开发过程的"一体化"流程，可主动消除产品线内部各业务模块之间的壁垒，消除原传统产品开发模式组织架构中的部门内耗，消除"反复"式的业务运转流程，可实现从"反复"式的业务运转流程到"一体化"式业务运转流程的转变。这是采用集成产品开发模式组织架构的另一个重要的优势。

三、集成产品开发模式组织架构的优点总结

① IPMT 与 PDT 的分离，使得市场策划、产品立项的决策不再仅由技术因素来决定，而是依据面向市场的综合信息来决策。在集成产品开发模式中，一开始就做一件正确的事情，而不是中途再修改或终止已经开发的新产品设计，最终可大幅地降低新产品开发的损耗成本，提高产品的开发成功率。

② 极大地降低了原职能部门、业务执行部门之间的协调成本，可极大地提高产品开发的工作效率，缩短产品的开发周期。

③ PDT 中有市场、销售、工程、服务部门的人员共同参加产品开发，可以更早地得到客户需求的意见，可以减少新产品设计方案的频繁修改。

④ PDT 可将业务运转流程由串联型工作方式转为并行、协同工作方式。在进行产品开发的总体设计和详细设计时，中试部、生产部的人员就会提前提出中试、生产环节的内部各项要求，以共同设计的方案来保证达到转段的评审要求，可极大地缩短新产品上市的时间。

⑤ 采用 PDT 后，同一产品的研发、中试、生产等作业都在一个部门内完成，非常有利于按产品线进行成本核算，可有效地降低新产品的成本。

⑥ 客户反馈的任何投诉意见都不会在各部门之间推诿，而是都由同一个 PDT 全权负责，可有效地解决客户的投诉，提高市场的反应速度，有利于提高新产品的客户满意度。

⑦ 每一个 PDT 就是一个虚拟的子公司，可以考核、激励每一个产品线，从而提高产品线的工作效率。

总而言之，集成产品开发模式的组织架构可有效地解决传统产品开发模式

组织结构中的绝大部分体制和机制的问题。

第三节　组织架构变革带来的挑战

事物都有两面性，集成产品开发组织架构变革的同时，也会带来一些新的困难。这些新的困难问题可归纳如下。

一、重度矩阵组织结构带来管理上的复杂性

集成产品开发模式的组织架构有轻度的矩阵组织结构和重度的矩阵组织结构两种。所谓"轻度"是指研发部作为一个整体部门与中试部、生产部等业务执行部门一起同各 PDT 之间形成了矩阵管理关系；所谓"重度"是指不仅仅是研发部、中试部等业务执行部门与各 PDT 之间形成了矩阵管理关系，而且研发部内的总体设计部、硬件部、软件部、测试部等研发部内部的小部门也参与到与各 PDT 之间的矩阵管理关系中，如图 4-8 所示。

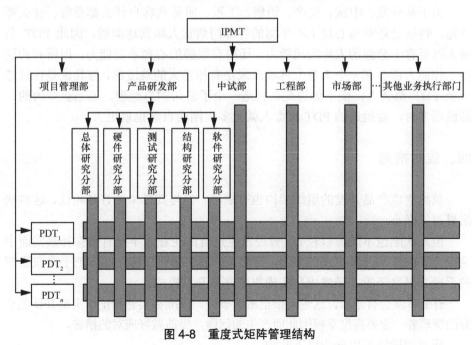

图 4-8　重度式矩阵管理结构

重度矩阵管理结构的管理困难点是，有大量的人员会有双重领导，要受到双重的约束和考核，给考核和人员管理带来了复杂性。

二、职能部门和业务部门的抱怨较大

采用集成产品开发模式的组织架构后，职能部门、业务执行部门以及研发部内二级部门的职责和权力都会发生巨大的变化。原来这些部门及部门负责人的职责和权力是非常大的，他们已经习惯了以往行使职权的方式，但组织架构变化后，这些部门内的人员被派到各个 PDT 中，而且派出人员的日常考核、管理就不在这些部门了，派出人员也不用向原部门负责人汇报每天的工作情况了，因此，原职能部门、业务执行部门及部门负责人的权力大大降低。除此之外，派出去的人员如果工作不好还会被退回，各 PDT 还会要求原派出部门再派出更优秀的人员，并且很多实施了集成产品开发模式的高新技术企业都有规定，每被 PDT 退回一人，原派出部门的考核就要被扣一次分。

三、选择 PDT 负责人非常困难

由于从研发、中试、生产、销售、工程、服务到客户什么都要管、什么都要懂，特别是还要与心理上不平衡的各部门负责人频繁地沟通，因此 PDT 负责人既要有十分强的人际沟通能力，还要有很强的心理承受能力。但所有的这些工作能力都要在一个人身上体现出来是有相当大的难度的，与其说是在挑选一个 PDT 负责人，倒不如说是在挑选一个子公司的总经理。而当企业内的产品线很多时，要挑选的 PDT 负责人就更多，困难自然也就更大。

四、应对措施

虽然集成产品开发的组织架构也有缺陷，但与其带来的好处相比，这些缺陷显得很微小。

但对缺陷也不能掉以轻心。曾经发生过有的企业因不能有效弥补缺陷而中途废止集成产品开发模式的案例。当然，更多的企业依靠企业一把手采取强制的手段来平息矛盾，最终成功实施集成产品开发模式。

有变革就会有矛盾，这也是很正常的事情。但准备实施和正在实施 IPD 的企业的管理者一定要高度重视因此而产生的问题，提前做好应对的措施。

应对的措施可以分为以下几种。

① 提前做好思想工作，给干部打好预防针，减少矛盾发生。

② 在有矛盾出现时，企业的一把手、领导班子要旗帜鲜明地支持改革，不要动摇，更不能退让，因为有许多问题在过了适应期后就自然被解决了。

③ 长期而言，要用配套的制度性、流程性的体系文件来规范集成产品开发模式。国外大多数的跨国企业就是因为有一整套的制度、流程和规范来替代人际交往的工作方式，进行模式改革时才减少了改革中的人际冲突问题。所以，在推行集成产品开发模式时，一定要注重建立制度和流程体系文件。

第四节　本章小结

本章详细地介绍了集成产品开发模式的组织架构。新的组织架构是针对传统产品开发、项目管理模式组织架构的缺陷而建立的，是由跨部门团队组成的，是集成产品开发模式的重要特色之一。集成产品开发模式采用了两种类型的跨部门团队：一种是 IPMT，一个企业内只有一个 IPMT，主要职责是面向市场进行战略和投资决策以及项目决策管理；另一种是 PDT，这是随产品线的建立而动态组建的产品开发团队，有一种产品线就要建立一个 PDT，当企业内有多个产品线时，就会有多个跨部门的 PDT。任何一个 PDT 都要接受 IPMT 的领导，PDT 是产品开发的实施团队，属于实体组织。PDT 团队的成员分别来自于企业内的各个业务执行部门和部分职能部门，接受同一个 PDT 产品线经理的领导，共同接受企业对这个产品线和对这个团队的考核。在团队中，大家的利益、目标是完全一致的，从而实现了从关注部门利益到关注产品线利益的转变。在产品开发的业务流程上，来自于各部门的人员共同协作，实现了从"反复"式的业务运转流程转为"一体化"式的业务运转流程，极大地消除了来自于原业务执行部门间的内耗，提高了新产品的开发效率，缩短了新产品的开发时间，降低了新产品的开发成本。

 思考题

1. 什么是面向产品线的组织架构？
2. 为什么面向产品线的组织架构就能使"反复式"的业务流程变成为"一体

化"的业务流程？
3. 为什么新产品单一的小企业即便不采用集成产品开发模式，其新产品的开发效率也会很高？
4. 为什么采用东方管理文化的企业在推行集成产品开发模式时，企业内的中层干部容易成为改革的阻力派？
5. 你能够想出一种改革既不过于剧烈，但又能有效解决由于产品开发组织架构所产生的产品开发效率低下的方法吗？
6. 原本在新产品开发的业务流程中，中试是研发的下游环节、生产是中试的下游环节……下游环节对上游环节的质量有制衡的作用，但当上、中、下游都成为同一个产品线的团队成员后，还能保证新产品的开发质量吗？

第五章
集成产品开发模式的开发流程及管道管理

集成产品开发模式与传统产品开发、项目管理模式的另一个重要区别是开发流程管理。集成产品开发模式将新产品的开发流程分为项目管理流程和产品开发流程两大类。项目管理流程有4个流程阶段，产品开发流程有6个流程阶段，每一个流程阶段都有明确的责任要求，从一个流程阶段进入下一个流程阶段要进行极为严格的转段评审，转段评审的基本依据就是投资回报及市场竞争力。新产品在开发过程中，若在任何一个流程阶段的评审没有通过，就意味着该产品的市场竞争力和投资回报可能达不到预期要求，这时已在进行中的新产品开发将会被要求终止或暂停。

第一节　面向市场的 IPMT 项目管理业务流程

一、IPMT 的职责

IPMT 的组织架构在前面章节已经进行了介绍。IPMT 是一个虚拟的团队组织，由企业的部分高层管理者及市场、战略、研发、财务、销售、生产、服务等部门的主要负责人组成。IPMT 的主要工作职责就是项目管理，项目管理的过程也是决策的过程，要对企业的商业模式、战略投资、竞争策略、产品布局进行决策。同时 IPMT 的职责还包括对 PDT 负责人人选的决策，要负责向各个 PDT 提供资源的分配、保障，要负责对各个 PDT 进行绩效考核，并要对产品开发流程中的一系列决策评审点进行决策。IPMT 的决策信息来源是：市场信息、客户反馈信息、竞争对手信息、战略性机会信息、技术发展趋势信息、企业自身的商业计划、企业自身的产品组合信息、企业自身的资源条件等。IPMT 的决策输出信息是向 PDT 下达新产品规划的指令，进行新产品策划、立项、发布及产品生命周期终止等决策。IPMT 项目管理业务流程如图 5-1 所示。

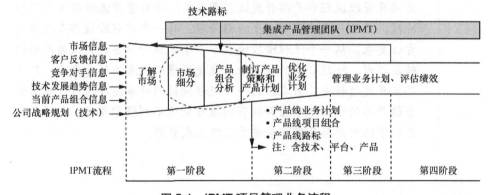

图 5-1　IPMT 项目管理业务流程

由图 5-1 可见，IPMT 的决策依据是来自企业外部、内部的各种信息，并按照拟定的决策流程对这些信息进行梳理、判断，最后提出新产品规划、立项、发布、终止的决策意见。

IPMT 的决策以企业战略方向的制订、商业盈利模式的确立、核心竞争能力的建立为中心，以技术路标、产品路标的提出作为 IPMT 与 PDT 的接口、交接内容。也就是说，IPMT 更关注企业的竞争能力、盈利能力，而不是新产品的具体实现方式。

IPMT 的组织架构和项目管理业务流程的建立是集成产品开发模式中的重要组成部分。由于 IPMT 的成员来自市场、财务、销售、战略、服务等部门，因此 IPMT 的决策可有效避免传统产品开发模式中的"唯技术论"，可使新产品投资决策更加贴近市场、更有竞争性、更注重投资回报。IPMT 的目的是做正确的决策，做正确的事情，进而避免反复地修改战略路线和产品方向，避免许多无谓的投资损耗。高新技术企业最怕出现产品战略上的错误，一旦出现战略方向性的错误，就会被迫中途修改商业计划，带来严重的投资损失。因此，保证发展战略及商业计划的正确性，是 IPMT 最主要的职责和任务。

但毕竟 IPMT 只是一个虚拟的团队，其成员都是重要部门的管理负责人，平时都有自己的本职工作要做，IPMT 这么多的任务和职责没有专门的工作团队是难以完成的，所以，在具体实施集成产品开发模式时，都会在 IPMT 下设置一个进行产品战略规划的专业团队，以进行业务战略、产品战略的策划，当相应的新产品 PDT 还没有成立时，或者 PDT 在进行产品概念、产品计划阶段工作时，PDT 的力量还很弱（只有当产品开发协议签署后，PDT 才能大规模增加人员），这时的新产品规划、市场分析及管理工作都要靠这个产品战略规划团队来承担主体性的工作，这个产品战略规划团队，是 IPMT 和 PDT 这两层团队的参谋部，负责市场规划、立项和跟踪评估的全过程，管理企业的产品组合，并根据业务计划，进行资源的预测、调配和确认，指导 PDT 的产品概念、计划阶段的工作，其是 IPMT、PDT 的参谋部，也是 IPMT 与 PDT 之间的桥梁。产品战略规划团队（Strategy and Plans，SPT）是集成产品开发模式中 IPMT 决策的重要支撑团队，是不可缺失的。为了叙述方便，本书将 SPT 的职责、任务归并在 IPMT 的职责、任务中。

二、IPMT 的项目管理流程

1. IPMT 的项目管理流程的第一阶段（产品线规划阶段）

IPMT 的项目管理流程可分为四大流程阶段。第一阶段是产品线规划阶段，从图 5-1 的最左边开始，市场信息、客户反馈信息、竞争对手信息、技术发展趋势、当前产品组合信息、公司战略规划等作为产品线规划阶段的输入信息，在经过了解市场、市场细分、产品组合分析、制订业务策略和产品计划等细化流程后，最终实现流程第一阶段的目标。IPMT 的项目管理流程的第一阶段的输出文件是新产品的规划建议报告。

从了解市场到进行市场的细分，到进行组合分析，再到业务策略和产品计划的制订，这是 IPMT 项目管理流程第一阶段中更为细化的子流程。每一个细化的子流程的执行都应有明确的判断结论。并不是所有纳入 IPMT 项目管理流程的新产品创意都能够形成新产品的规划，许多新产品的创意在经过细化子流程的各环节时，会被否决，所以图 5-1 的 IPMT 项目管理流程示意图是左边宽右边窄的图形。这表明进入流程阶段一的创意产品项目是很多的，但随着流程不断地推进，留存的创意产品会逐渐减少，最后在 IPMT 项目管理流程第一阶段能生成新产品规划报告的创意产品是很少的。这也充分说明集成产品开发模式对新产品的规划要求非常严格，且 IPMT 项目管理流程第一阶段的评判标准不是技术的驱动方式，而是技术驱动与市场驱动相结合的评判方式。

生成了新产品的规划报告并不等于新产品的正式立项。IPMT、SPT 中的人员是以管理、市场、战略、规划人员为主的，他们对新产品的具体实现方法和过程中所需的资金及产品实现后的具体成本是难以判断的，而这些信息内容正好又是进行新产品立项决策所需要的重要依据，所以 IPMT 在做出了新产品的规划意见后，要成立相应的 PDT，指定 PDT 的负责人。IPMT 要将新产品的规划建议提供给 PDT，由 PDT 对新产品的具体实现方法和过程中所需的资金及产品实现后的具体成本和开发所需时间进行判断。

2. IPMT 的项目管理流程的第二阶段（新产品立项阶段）

IPMT 的项目管理流程的第二阶段是新产品的立项阶段，从 IPMT 提出新产品规划建议报告开始到新产品开发正式立项为止。在这一流程阶段中，IPMT 要评审 PDT 上交的产品概念报告及产品计划报告，以决定是否同意新产品的开发立项。在这一流程阶段中，随着流程阶段的具体实施、推进，也会有一些已进入产品规划阶段的新产品项目被中途否决，最后能进入立项阶段的新产品数量会少于规划阶段的新产品数量。新产品的立项阶段是 IPMT 的项目管理流程中十分重要的一个阶段，因为一旦 IPMT 决定进行新产品开发立项，新产品的开发资金就要全面到位，大量的产品开发人员也将要从各个部门进入 PDT，产品开发资金就会全面地铺开，所以新产品的正式开发立项对于高新技术企业而言也属于重大决策。

3．IPMT 的项目管理流程的第三阶段（产品开发、测试、验证、发布阶段）

IPMT 的项目管理流程的第三阶段是产品开发、测试、验证、发布阶段，从新产品的正式开发立项开始到新产品正式发布为止。在这一阶段中，IPMT 依据与 PDT 签署的新产品开发协议，按计划、预算给该 PDT 配置人力、物力、资金资源，保证提供必要的开发条件。

在第三阶段中，PDT 要进行新产品的开发、测试、验证、发布，之后，IPMT 要对 PDT 的新产品验证报告、发布报告进行评审，以决定该新产品能否正式发布。

这一阶段中的重要决策，就是对新产品的正式发布。新产品一旦正式发布就要进行大规模的生产和销售，同时还要进行大规模的市场宣传，这时的资金投入量是远远大于立项资金需求量的。如果这时新产品还存在隐形缺陷，或市场的竞争格局已发生了明显的不利变化，又或者竞争对手推出了更好的竞争产品，此时仍按 IPMT 的原计划进行新产品的正式发布并进行大规模的生产和销售，那么将会产生非常严重的后果。

4．IPMT 的项目管理流程的第四阶段（产品生命周期管理阶段）

IPMT 的项目管理流程的第四阶段是产品生命周期管理阶段，从新产品的正式发布开始到新产品退市为止。第四阶段的时间长短非预先制订，可能会很长，但也可能很短。这一阶段，新产品的投资回报率是决定性因素，当新产品的盈利能力很强时，生命周期自然会被延长；但当新产品的竞争能力明显下降、产品已转为亏损状态，且没有扭亏为盈的可能性时，IPMT 就要进行经济决策，通过评审来决定是否终止该产品的生产和销售，并要求 PDT 做出终止前的准备计划和终止后的产品替代方案。

第二节　PDT 的设计/开发业务流程

一、PDT 完整的设计/开发业务流程

集成产品开发模式与传统产品开发、项目管理模式在开发阶段存在差别：传统产品开发、项目管理模式的开发过程主要是技术方案的设计、实现的过程；而集成产品开发模式的开发过程是一个完整的从产品概念到产品计划、产品开发、产品测试、产品验证、产品发布、产品生命周期管理的全过程，其在产品

概念和计划阶段，就把客户对新产品的需求和企业内部各环节对新产品的需求全部都考虑到了，并依此进行了细致的新产品定义，把客户及内部作业的需求转变为产品规格说明书，并对产品规格的可实现性进行了全面的分析和初步验证。产品开发过程管理为产品开发提供了一种按阶段进行的开发流程模式，该模式有以下几个特点。

① 过程阶段化：整个产品开发从信息收集、整理到立项、设计、开发、测试、验证，最终到系统级测试直至产品发布，经过了若干阶段。

② 关键阶段接口关口化：关键阶段需要引入决策机制，严格评审提交的方案，以决定是否符合进入下一个阶段的条件。

③ 设计开发同步化（并行化）：在设计开发的过程中，一些流程先后启动，生产技术人员、采购人员、测试人员等参与到产品的设计和开发工作中；成本控制、时间控制、风险控制等同步进行；硬件、软件开发和其他过程的信息交互在不同的阶段都有相应的规定。生产部门的提早介入也是同步开发的一大特色。

④ 任务明确、组织结构清晰：每一项任务都要有明确的输入信息、处理方式、实现步骤和输出结果。过程中的任务需要落实到部门或责任人，需要明确责任承担、任务执行、任务审查的责任人。各项任务不是独立的，它们之间的信息接口需要明确（内容和所处的阶段位置），各任务的分工并不意味着人员、组织的分离。

⑤ 文档模板化：项目进展的每个环节都有相应的文档模板支持，以形成文档建设规范。只有这样才能使产品的过程管理具有可操作性。

PDT 不是虚拟团队，而是一个实体的团队组织，有核心领导小组，也有来自于不同业务执行部门和职能部门的工作人员。PDT 的业务流程如图 5-2 所示。

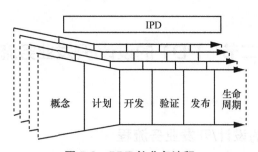

图 5-2　PDT 的业务流程

与 IPMT 的职责和任务相比，PDT 的项目管理更注重于新产品的开发过程，即，从产品概念的确立到产品计划的制订及产品的立项、开发、测试、验证、发布，一直到产品生命周期的管理。

二、PDT 在产品概念阶段的职责

PDT 在产品概念阶段要制订出产品的项目计划，要进行产品需求定义和技术共享分析，制订标准策略，进行知识产权分析，制订销售预测与市场营销策略、产品的制造策略和用户服务策略，进行供应商分析、项目的投资预算分析、产品的定价分析和总体风险评估，最终要制订出新产品的概要总体项目计划。由此可见，PDT 在产品概念阶段的主要工作是产品定义和非技术制约因素的确定，并判断该产品的竞争格局、生态环境，判定新产品的市场空间及竞争优势。

产品概念阶段的工作需要由市场、财务、研发、生产、中试、服务等部门的人员共同参与才能完成。PDT 完成的新产品概念阶段的工作报告（也可称为"项目可行性报告"）要再报给 IPMT 审核、批准。IPMT 的审核一般有三种结果：一是 IPMT 要求 PDT 对该新产品的可行性报告进行补充、修改；二是 IPMT 正式批准该新产品的可行性报告，该产品可以进入产品计划阶段；三是暂缓或停止该新产品的后续工作。

对于第一种情况，PDT 应根据 IPMT 的要求对新产品可行性报告进行补充、修改，完善后重新报给 IPMT 审批。对于第二种情况，PDT 可以转段进入新产品的计划阶段。对于第三种情况，PDT 将终止该新产品的计划，并将该新产品的文件、资料整理后交由 IPMT 归档。

三、PDT 在产品计划阶段的职责

得到 IPMT 对新产品可行性报告的批准后，PDT 可以进行流程转段，正式进入产品计划阶段。PDT 在产品计划阶段要进行的是较为具体的新产品启动所需的各项准备工作，其中包括：对新产品定义的需求确认；对新产品市场需求的确认；对中试及生产需求的确认；确定新产品的所有内外部需求。依据总体需求，PDT 还需进行以下工作：确定新产品的开发模式、确定新产品的技术共享平台、确定新产品的技术总体设计方案、制订新产品的开发计划、制订新产品开发所需资源的占用计划、制订新产品的开发资金预算、制订新产品开发项目管理方案等。正因为产品计划阶段是新产品开发正式立项的前期，而新产品的正式立项将决定开发资金是否全面到位，所以 PDT 对计划阶段的工作要求非常严格。

产品计划阶段中的许多工作在传统的产品开发、项目管理模式中都是在新产品正式立项后才做的，而在集成产品开发模式中，这些工作都要求在产品计划阶段就必须完成，并将其作为正式立项时的判断条件。PDT 在产品计划阶段的输出文件是新产品开发立项计划报告，对于这个开发立项计划报告，PDT自身没有决策权，必须要报给IPMT，由其批准。

四、PDT在产品开发、验证阶段的职责

新产品开发立项计划报告得到IPMT的批准后，PDT与IPMT正式签订新产品的开发协议，此时在流程上就进入了产品开发阶段。PDT在产品开发阶段的职责为：按开发立项计划报告的要求，进行新产品各部分、各模块的详细设计，并实现，之后对新产品的各部分、各模块分别进行测试，在确认新产品的各部分、各模块均达到设计要求后，将各部分、各模块组合起来后进行集成测试，以确认新产品原型的性能。

新产品开发阶段的样品完成后，要通过PDT的技术评审，评审结果达到设计要求，则进入产品验证阶段。PDT在产品验证阶段的职责有四大类：一是进行新产品系统集成测试，验证新开发出的产品是否达到了客户的需求、是否达到了新产品立项协议书中规定的新产品的技术、功能、性能要求；二是进行例行测试，目的是测试新产品对使用环境的承受能力，如在高温、低温、高低温交替循环的条件下，电源电压在一定区间范围内偏离标称值、满负载工作、软硬件及接口出现异常的情况下，新产品能否正常工作；三是进行新产品的中试验证，即对新产品进行中间试验，这是新产品的试生产过程，目的是确保新产品的可生产性、可安装性、可维护性和可靠性，要通过一批次又一批次的小规模到中规模、大规模的试生产，发现和解决新产品中存在的各种隐形问题，以保证新产品的质量；四是进行系统的测试，以验证非技术制约的边界条件没有突破，能够达到市场准入的"红线"规定及要求。

五、PDT在产品发布阶段的职责

PDT在产品发布阶段的职责包括对新产品的市场策划、销售策略的制订、新产品的定价、广告宣传方案的制订、样板客户的培育，以及市场突破策划、售前技术服务安排布局、商业模式的实施计划等与市场、销售有关的新产品策略。此外，新产品大规模上市销售前，PDT要进行生产环节的布局，比如生产能力的准备、生产设备的准备、元器件供应商的安排、生产资金的筹措等。另外需要注意的是，新产品大规模投放市场后难免会暴露一些隐形的技术问题，因此在新产品正式发布时要提前安排研发人员、中试人员做出对突发技术问题的应对方案。许多高新技术企业都错误地认为，产品正式发布后，产品研发工

作就结束了。而实际上，产品正式发布和规模使用后，往往会集中出现许多意想不到的技术问题，这些问题大多是新产品的设计问题，属于先天性的问题，是售后服务人员不能解决的问题，必须由研发人员、中试人员来解决。所以，PDT 要有一整套产品发布后的快速反应机制，以快速集中技术力量来解决新产品在应用初期集中暴露出的各种问题。

六、PDT 在产品生命周期管理阶段的职责

PDT 在产品生命周期管理阶段的职责有三个方面。一是根据客户的需求，对已规模生产的产品增加功能，以满足用户的新需求。二是定期进行产品的再次研发以不断地降低产品的成本。比如，由于集成电路的集成度越来越高，因此每隔 2~3 年，企业就面临着产品的再次研发设计，用更新的、集成度更高的、价格更便宜的集成电路来取代已使用多年的、成本较高的传统集成电路，从而大幅度降低新产品的成本，保持新产品的竞争优势。三是在新产品的竞争能力和盈利能力明显下降时，就要及时终止该产品的生产、销售，用更具有竞争能力的新产品来替代过去的产品。终止、退出决策属于高新技术企业的重大决策，PDT 自身没有权力独立决策。这时，PDT 应在充分分析、判断的基础上，提交产品终止报告，报由 IPMT 批准。

七、产品开发实例介绍

有的企业将产品的整个开发过程分为如图 5-3 所示的几个阶段。

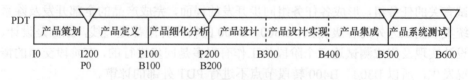

图 5-3 产品开发过程各阶段的划分实例

在图 5-3 中，I0、I200、P0、P100、P200、B100、B200、B300、B400、B500、B600 分别表示开发过程中不同阶段的分界点，其中 I200 点与 P0 点是重合的，P100 点与 B100 点是重合的，P200 点与 B200 点是重合的。图中倒三角表示阶段界限分明或为需要引入决策层决策的阶段转换点。在图 5-3 中，I0~I200（P0）为产品策划阶段，P0（I200）~P100（B100）为产品定义阶段，P100（B100）~P200（B200）为产品细化分析阶段，B200~B300 为产品设计阶段，B300~B400 为产品设计实现阶段，B400~B500 为产品集成阶段，B500~B600

为产品系统测试阶段。该实例与图 5-2 的对应关系为：I0～I200 为产品概念阶段，P0～P200 为产品计划阶段，B200～B500 为产品开发阶段，B500～B600 为产品验证阶段。之所以在实际使用中要用标号来代表过程阶段，是为了便于企业内部的产品开发计划管理和文档管理，这也是产品项目管理中常用的方式。用符号表示比用文字表述更为简练，而且可以将某一个开发阶段的工作分解成为更细、颗粒度更小的工作，更利于项目的精细化管理。本书在后面几章也会经常用这种标号的方式进行叙述，以使读者能更容易地了解开发流程的进程点。

下面来解释各分界点及阶段的涵义。

I0：来自于 IPMT 下达的进行产品规划的指令信息。

I0～I200：对产品需求信息进行加工整理，提出产品概念、商务说明、预算和所需资源的信息，并请求 IPMT 批准。

I200：此转段节点同时也是评审节点，由 IPMT 受理 I0～I200 的请示，决定是否启动产品计划。如果请示得到 IPMT 的批准，则形成启动产品计划（产品定义及细化分析）的任务书，并正式启动 P0。

P0：开始产品计划阶段（产品定义及细化分析）的起始点。

P0～P200（B200）：分析产品概念（产品策划）阶段提交的产品特征需求，以形成产品定义，并在此基础上进行细化分析以形成初步的产品设计方案，并提交 IPMT，请求批准。

B200：此转段节点同时也是评审节点，由 IPMT 来对产品的初步设计方案进行评审，如果得到了批准，则正式形成产品开发协议或正式形成 OEM 购买订单，并启动产品设计、设计实现和产品集成计划。

B200～B500：此阶段将全面启动与产品详细设计、设计实现、集成和测试有关的任务组，形成各任务组同步开发的局面，完成产品的全部开发及除系统集成测试之外的各级测试。B300、B400 的转段界限都是虚线，原因是设计、设计实现及集成测试这三个阶段的工作有很多是同步进行的，有阶段交错的情况发生，所以 B300、B400 转段节点不进行 PDT 外部的评审。

B500：此转段节点同时也是评审节点，由 IPMT 对 PDT 所提交的产品进行评审，看是否达到可供系统集成测试的要求。

B500～B600：此阶段为系统集成测试阶段。

B600：此转段节点同时也是评审节点，由 IPMT 对系统集成测试结果进行评审，看是否达到了新产品预期的全部要求，如果评审通过，则该新产品进入到产品发布阶段。

图 5-4 是 PDT 产品开发全流程。该图例出了产品概念、产品计划、产品开发、产品验证、产品发布和产品生命周期管理阶段对各作业环节的职责要求。

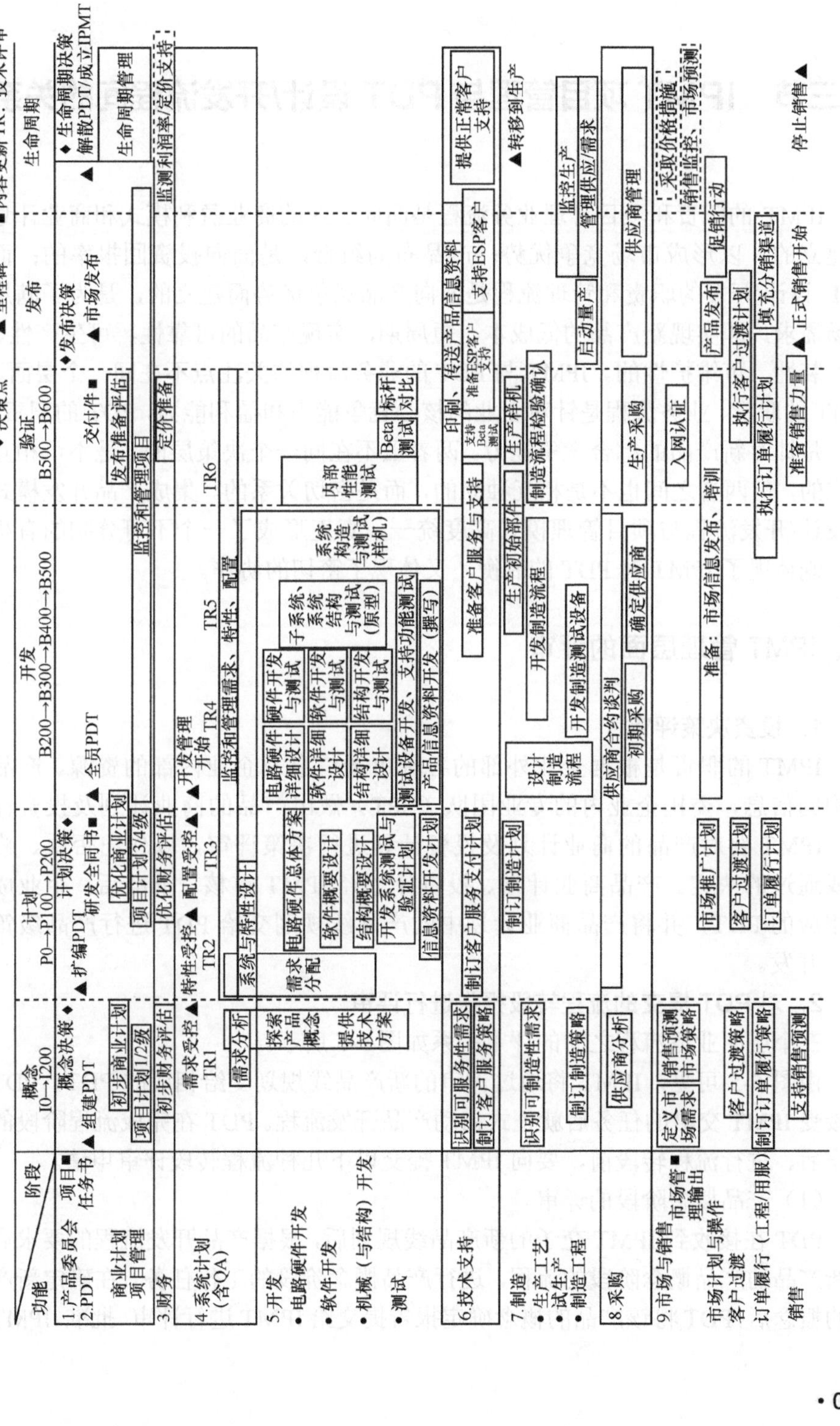

第五章 集成产品开发模式的开发流程及管道管理

图 5-4 PDT 产品开发全流程

第三节　IPMT 项目管理与 PDT 设计/开发流程间的关系

IPMT 的职责和项目管理业务流程是面向企业的商业盈利模式和商业计划而建立的，以形成市场竞争优势；产品布局组合，是面向投资回报率的；而 PDT 设计/开发的职责和管理流程是面向产品竞争优势而建立的，是为了满足市场需求，即实现新产品的低成本、短周期，实现产品的可靠性、可生产性、可安装性、可维护性的。IPMT 与 PDT 的业务流程的关注点不在同一个层面，IPMT 的职责、业务流程是针对企业的核心竞争能力和盈利能力，PDT 的职责、流程是针对新产品的综合竞争能力。两者虽不在同一个决策层面，是不可相互替代的，但两者之间也不是相互独立的，而是密切关系的。集成产品开发模式中设计/开发流程与项目管理模式高度统一，真正形成了一个不可分割的有机体，既体现了 IPMT 对 PDT 的制衡，又体现了密切的协作。

一、IPMT 管理层面的评审

1. 投资决策评审

IPMT 的职责是根据企业外部的各种市场信息及企业内部的资源、产品结构的信息，委托企业内的专业团队（SPT）做出产品的商业计划及投资计划。IPMT 要对产品的商业计划及投资计划进行决策评审，以作出否决、修改或通过的决定。产品商业计划、投资计划经 IPMT 审核、批准后，企业成立相应的 PDT，并将产品商业计划中的产品线规划交给 PDT 进行产品级策划、开发。

2. 对 PDT 提交的流程转段报告进行评审

三个层面业务流程之间的评审关系如图 5-5 所示。

由图 5-5 可见，IPMT 将通过评审的新产品线规划交给相应的 PDT，PDT 在接受 IPMT 交给的任务后就正式启动产品开发流程。PDT 在完成流程阶段的工作后、进行流程转段前，要向 IPMT 提交以下几种流程转段评审申请。

（1）产品概念阶段的评审

PDT 在接收到 IPMT 交予的新产品线规划后，根据产品开发流程的要求启动新产品的产品概念阶段的流程，进行产品概念阶段的工作任务。在确定新产品的概念后，PDT 将该产品的概念确定报告提交给 IPMT 进行评审、批准。IPMT

对新产品概念确定报告进行评审，并根据评审结论对 PDT 下达项目终止、暂缓、修改及同意转段的意见。

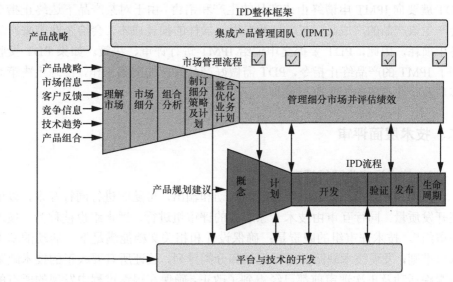

图 5-5　三个层面业务流程之间的评审关系

（2）产品计划阶段的评审

PDT 只有在接收到新产品概念报告评审通过的意见后，才能进行流程转段，进行产品计划阶段的工作。在完成了产品的计划报告后，PDT 应向 IPMT 提交产品计划报告的评审申请。IPMT 接收到 PDT 的产品计划报告后组织评审，并根据评审意见，对 PDT 下达项目终止、暂缓、修改及同意转段的意见。

（3）产品验证阶段的评审

PDT 在接收到 IPMT 下达的产品计划报告评审通过的意见后，进行流程转段，并与 IPMT 签署产品开发协议，开始进行产品开发阶段的工作。当完成产品开发阶段和验证阶段的工作后，PDT 应向 IPMT 提交产品验证报告申请开始产品发布工作的评审。IPMT 接收到 PDT 的产品验证报告后，对产品的验证报告进行评审，根据评审意见，对 PDT 下达项目终止、暂缓、修改及同意转段的意见。

（4）生命周期阶段的评审

PDT 在接收到 IPMT 对产品验证报告评审通过的意见后，开始进行新产品的发布准备工作，一旦产品发布条件成熟便进行新产品的正式发布。

新产品一旦正式发布，即进入长期的正常生产经营过程。这个生产经营过程也被称为"产品生命周期管理阶段"。在产品生命周期管理阶段内，PDT 每年都要对该产品的盈亏进行单独的财务核算，持续监测投资回报。一旦该产品的竞争能力减退、盈利由盈转亏，PDT 就要对该产品的生命周期进行分析、判断。如果分析、判断的结果是该产品已进入生命衰退期，且不可能再出现逆转，PDT 就要向 IPMT 申请终止该产品的生产和销售。由于对某产品下达终止指令会产生该产品的产成品、在产品及专用元器件的损耗成本，会给企业带来产品终止损耗，因此，PDT 要提交申请给 IPMT 进行评审、决策。如果 PDT 接收到了 IPMT 的产品终止指令，PDT 需做好产品终止的准备工作，使终止决策对客户及企业造成的损失降为最小。

二、技术层面评审

1. 技术评审为同行评审

在产品开发过程中，比较重要的活动和输出，可随时进行同行互审，以保证开发质量。同行互审由技术专家组成的评审组进行，评审组也被称为"技术评审组"。技术评审组的职责是：确保设计和相关文档能满足下一活动的基本入口准则，发现技术缺陷并进行记录和分类排列，验证所有要改正的技术缺陷在跟踪活动及再次评审前都已经得到了改正，确保在跟踪过程中发现的所有的技术缺陷都已被标注，并且添加到技术缺陷列表中。

由于技术评审组是同行间的评审，因此一定要注重评审的方式、方法，即评审过程主要是发现错误，而不是去挑开发者的毛病，也就是我们常说的"对事不对人"。在评审前，评审组要做好事前准备，在评审中做好记录、存档，便于事后的追溯。评审后要有跟踪技术缺陷的措施，以保证技术缺陷的更正及更正记录的存档。

2. 技术评审与 PDT 产品评审的互动

PDT 可对技术评审组下达某项技术评审的指令，技术评审组完成技术评审后，应将评审意见上报给 PDT。技术评审组自行组织的技术评审，评审结果要有记录，记录要存档，以供 PDT 事后审查。

第四节 产品设计/开发过程的技术评审及批准流程

集成产品开发模式的产品设计/开发流程有七大技术评审点，分别分布在产品开发流程中的产品概念阶段、产品计划阶段、产品开发阶段及产品验证阶段，如图 5-6 所示。

第五章 集成产品开发模式的开发流程及管道管理

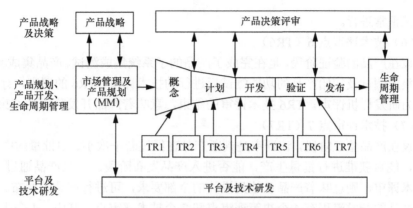

图 5-6 产品开发流程中的技术评审点

（1）技术评审点 1（TR1）

设在产品概念阶段，为产品需求的技术评审，要求是确保产品需求分析的完备。

（2）技术评审点 2（TR2）

设在产品计划阶段，为产品设计规格的技术评审，要求是确定产品的系统规格和产品各单元的设计规格。

（3）技术评审点 3（TR3）

设在产品计划阶段，为产品各单元概要设计的技术评审，要求是确定产品的总体设计、投资计划、技术共享方案以及产品各单元模块的概要设计。

（4）技术评审点 4（TR4）

设在产品开发阶段，是在产品各单元模块的设计后实施开发前对设计方案进行的评审。由于产品各单元模块较多及参加产品开发的新人较多，因此，如果对单元模块设计的把关不严，则会导致产品各单元模块设计完成后出现大量低级问题，从而对产品开发计划产生很大的负面影响。所以，建议有条件的企业在完成产品各单元模块的设计后，组织专家对设计方案进行评审，审定产品各单元模块的设计方案是否符合要求。

（5）技术评审点 5（TR5）

设在产品开发阶段，为完成了产品各单元模块的开发及测试后集成测试之前，进行的技术评审。TR5 的评审要求是要保证产品各单元模块确实达到了进入集成测试的要求。由于集成测试是将多个不同的产品单元模块进行组合连接后的测试，因此如果个别的产品单元模块没有达到设计要求就进入集成测试，则将会大范围地影响整个开发团队的工作，造成开发资源的浪费。通过 TR5 的技术评审，可确保参加集成测试的各产品单元模块能达到设计要求，保证集成测试正常进行。

（6）技术评审点6（TR6）

设在产品的验证阶段，是在完成了产品的子系统集成测试、产品集成测试、系统集成测试及初始产品的功能测试后进行的技术评审。TR6的评审，有时也被称为研发样机评审。TR6技术评审的结束，意味着产品开发阶段的结束。

（7）技术评审点7（TR7）

设在产品验证阶段，该评审是判断产品在经过若干次小、中批量的中试生产后，能否获准进行批量生产，能否进入产品发布阶段。一旦产品通过TR7的技术评审，则意味着产品已达到设计的全部要求，可进行产品的发布。

产品的开发流程有4个决策评审点和7个技术评审点。其中，4个决策评审点分别是产品概念决策评审点、产品计划决策评审点、产品发布决策评审点和产品生命周期决策评审点。这4个决策评审点的决策是IPMT的职责内容，而7个技术评审点的决策是PDT的职责内容，但7个技术评审点中有3个评审点与决策评审点是重合的。这重合的3个技术评审点是TR1、TR3及TR7，分别对应的决策评审点是产品概念决策评审点、产品计划决策评审点和产品发布决策评审点。这就充分说明了TR1、TR3、TR7这3个技术评审点的重要性。技术评审与决策评审重合点的决策程序如下：当TR1没有通过PDT的技术评审时，不能上报给IPMT进行产品概念决策评审；当TR1通过技术评审时，才能上报给IPMT进行产品概念决策评审；在IPMT没有通过产品概念决策评审时，PDT不能进入产品计划阶段，只有当IPMT通过了产品概念决策评审，TR1才是真正意义上地通过了技术评审；TR3、TR7也是同样的流程，只有当IPMT通过了产品计划决策评审（或产品发布决策评审），TR3（或TR7）才是真正意义上地通过了技术评审。

在集成产品开发模式中的评审，已不再是技术评审主导一切了，技术评审只能在技术层面进行，而不能凌驾在开发流程决策、项目管理的决策之上。

第五节　管道管理

管道管理类似于多任务处理系统中的资源调度和管理，是根据企业的业务策略，对产品开发项目及其所需资源进行优先排序及动态平衡的过程。传统的产品开发、项目管理模式不进行资源统筹调度，当同时进行多个新产品的开发时，就会产生资源使用上的冲突。

一、传统产品开发、项目管理模式易产生资源冲突

1. 缺乏资源的统筹计划

新产品开发本身就是一个投资过程。在新产品开发的周期内，一定会消耗大量的资金、人力、仪器仪表等资源，而且不同的产品开发项目，对资源占用的时间分布曲线也是不同的，相差较大。每个新产品开发项目都有资源占用的"波峰"和"波谷"，如果没有统筹的、集中的资源调配中心，不实行资源的"错峰占用"策略，在同时实施多个新产品开发项目时，就会由于严重的资源不足，而出现大批在开发的产品被迫推迟计划进度的情况。而有时大量的资源又会被低效使用甚至闲置。无论发生哪种情况，都会对新产品的开发产生极为不利的结果。其中最为极端的是，全部正在开发的新产品同时进入资源占用的"波峰"阶段，而后又同时进入资源占用的"波谷"阶段。

2. 产品开发计划的不断变更扰乱了资源管理

在传统的产品开发、项目管理模式中，由于启动新产品开发时对客户及内部的需求了解得并不清晰，因此开发的途中会不断地更新客户及内部新的需求，从而导致不断地修改原来已确定的产品开发计划，造成资源调配的失控。如果正在开发的多个产品都出现这种情况，原已制订好的资源匹配计划也就形同虚设了。在传统的产品开发、项目管理模式中，由资源调配失控而导致产品开发计划的推迟是经常发生的事情。

3. "只发出生证，不发死亡证"

在传统的产品开发、项目管理模式中，产品开发计划只要一立项就会一直执行到底，而不考虑市场环境是否发生了变化，也不评估产品立项时的初衷是否改变，是典型的"只发出生证，不发死亡证"。如果在市场环境已发生了根本性的变化时，企业还坚持原计划的产品开发，将会使有限的资源被一些已无市场价值的开发项目分流、消耗。

4. 产品设计/开发过程没有严格的评审制度

在传统的产品开发、项目管理模式中极易出现两种极端情况：一是在产品的开发过程中，研发、中试、生产、工程、市场等业务执行部门都各自为政，都只为自己的部门负责，都不为新产品发布时间、客户的需求负责，使得产品开发流程不断出现"反复"；二是在产品的开发过程中，各流程阶段的责任不清，没有严格的流程转段评审制度，从而使得新产品达不到最终客户的需求而被迫出现新产品重新开发的局面，导致资源调配出现更大的失控。

二、集成产品开发模式中的管道管理

集成产品开发模式中的管道管理的本质就是企业资源的统筹管理。企业的资源是有限的，企业应按现有的和能利用的资源合理进行新产品开发资源的管理。项目管道管理如图 5-7 所示。

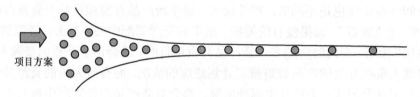

图 5-7　项目管道管理

由图 5-7 可见，因企业能动员、利用的资源有限，所以即便在新产品开发初始阶段被评估、策划的项目很多，但随着集成产品开发流程的进行和各流程阶段的评审、把关，最终只有最有价值的项目才能进入实质性的产品开发阶段，而其他被评估、策划的新产品项目，有的在初始评审阶段就被否定了，有的进入候选阶段也被否定了。即便进入了产品开发阶段的产品项目，也会在产品开发过程的转段评审中或定期的项目进度评审中，被 IPMT 要求调整设计方案；对于那些因市场环境发生了根本性的变化、原定的新产品开发计划已失去意义的项目，也会被 IPMT 叫停、终止。

现在我们再来看一看 IPMT 的流程图（图 5-1）和 PDT 流程图（图 5-2），就更能理解管道管理的含义了。

无论是图 5-1 还是图 5-2 的左边的宽度都是大于右边宽度的，这就是说，随着流程的推进，通过的项目会越来越少，即便进入 PDT 流程中的开发、验证等阶段，仍然会有被叫停、暂缓、终止的可能。所以，PDT 流程图的后半部似乎是平行线，但严格来说，其仍然是左宽、右窄的斜线。

由此可见，管道管理是集成产品开发模式中统筹调配资源的重要手段，也体现了集成产品开发模式计划的严谨性及以市场为导向的原则性。

第六节　管道管理中的流程节点评审

流程节点评审是集成产品开发模式中的重要环节。产品开发项目只有经过严格的流程转段节点评审,才能进行有效的管道管理,才能确保项目进度正常推进,才能及时发现和纠正产品开发中存在的问题。集成产品开发模式的评审通常分为三个层面:一是 IPMT 管理层面的评审;二是 PDT 产品层面的评审;三是技术层面的评审。三个层面的评审都有各自独立的职责,但相互之间也存在交互的关系。

在进行严格的管道管理时,企业要把 IPMT 管理层面、PDT 产品层面及技术层面的业务流程节点评审关口作为管道管理工具,并在三个层面间进行交叉的业务流程节点控制,以确保业务流程严谨、有效。

第七节 本章小结

本章分别阐述了集成产品开发模式中 IPMT 的职责、业务流程和 PDT 的职责、业务流程。

IPMT 的职责是对企业的商业模式、战略投资、竞争策略、产品规划、项目管理进行决策,同时 IPMT 作为 PDT 的管理、决策部门,要对各个 PDT 产品开发流程中的重大决策点进行评审、决策和把关。

IPMT 的业务流程分为 4 个阶段,分别为新产品线规划阶段、新产品立项阶段、新产品开发阶段以及新产品生命周期管理阶段。IPMT 的业务流程涵盖了新产品分析、规划、立项、开发、验证、发布、生命周期管理的全过程。

PDT 的职责是确保新产品的竞争性、新产品的盈利能力及新产品的开发计划按期完成。PDT 除了要对新产品开发的全过程负责外,还要对新产品的销售收入、净利润负责,要承担新产品高价值回报的全面责任。

PDT 的业务流程为产品概念阶段、产品计划阶段、产品开发阶段、产品测试及验证阶段、产品发布阶段、产品生命周期管理阶段。

IPMT 与 PDT 两者业务流程的关注点不在同一个决策层面上,两者之间是不可相互替代的,但两者之间也不是相互独立的,而是有决策关联的。IPMT 和 PDT 的制衡、协作关系也充分体现了集成产品开发模式在项目管理上的优势。

本章还阐述了集成产品开发模式中管道管理的原理。所谓管道管理实际上就是企业内部的资源管理模式。一个企业的内部资源是有限的,无论是人力资源、物力资源都是如此。IPMT 要对企业内的资源进行合理地调配,要把有限的资源用到最有投资价值的产品项目上,并要保证资源使用的平滑性,避免突发性的资源产生,确保企业内多个同时进行的产品开发项目不会因资源链的断裂而被拖延。企业在进行严格的管道管理时，要把 IPMT 管理层面、PDT 产品层面及技术层面的业务流程节点评审关口作为管道管理工具，并在三个层面间进行交叉的业务流程节点控制，以确保业务流程严谨、有效。

 思考题

1. 在 IPD 模式的流程中，什么时候开始成立 PDT？为什么？
2. 在 IPD 模式的流程中，什么时候才能开始产品正式立项？为什么？
3. 新产品的总体设计是在产品正式立项后进行吗？为什么？
4. PDT 能自行决定产品开发流程中各阶段的转段吗？为什么？
5. 为什么在 IPD 模式中要强调进行管道管理？
6. 在传统产品开发、项目管理模式中有管道管理吗？实际资源调配的效果为何不好？

第三篇
IPMT对市场的分析与决策

✚ 第六章　IPMT的市场管理和产品规划

✚ 第七章　对商业机会和商业模式的把握与决策

第六章
IPMT 的市场管理与产品规划

> 产品规划工作由 IPMT 与 PDT 共同分担完成，IPMT 负责产品规划的决策，PDT 负责产品规划的具体实施。IPMT 在产品规划决策中最重要的决策点：一是是否同意进行新产品的开发立项；二是是否同意终止已在开发的新产品或已在生产的新产品，即决定新产品开发的启动和终结。项目的启动和终结都是投资管理中非常重要的决策内容。

本章所阐述的市场管理与产品规划工作都是企业内 IPMT 及 SPT 的职责。IPMT 及 SPT 的市场管理与产品规划工作如图 6-1 中深色部分所示，市场管理工作以企业的战略方向、商业模式、投资回报分析等外部竞争能力的建立为主，而产品规划是以产品内在特性建立为主的工作，因此，当 IPMT 及 SPT 一旦给出产品规划建议后，IPMT 及 SPT 就会成立初步的 PDT，将产品规划建议交给 PDT 推进，并与 PDT 协同进行产品规划。PDT 在产品开发流程中的产品概念阶段、产品计划阶段的工作就是协助 SPT 进行产品规划，SPT 将自身的工作及 PDT 在产品概念、产品计划阶段的工作成果，上报给 IPMT 申请进行产品开发立项。

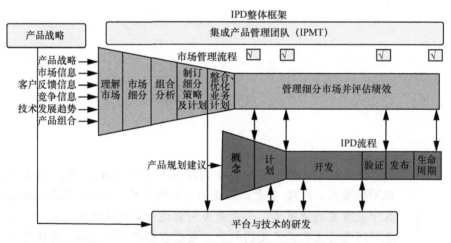

图 6-1　IPMT 市场管理流程、产品规划与 IPD 的关系

第一节　市场管理的内涵

市场管理工作由 IPMT 及 SPT 完成，市场管理工作的起点是从产品开发立项建议的受理开始，给出新产品规划建议，成立初始的 PDT，终点是 PDT 生命周期的结束。市场管理工作分为前期和后期两部分，前期的市场管理的工作流

程，主要是对市场的分析及理解，进行市场细分，进行综合竞争能力分析，市场管理工作的重要职责是进行产品开发立项建议的受理、审核及决策，提出新产品的规划建议；后期市场管理的工作流程，是成立 PDT 后整个 PDT 的项目管理及项目决策。

一、对市场的分析、理解

市场的分析、理解的工作内容：市场调查、市场数据的收集、市场分析、外部环境的分析、对竞争对手的分析、对替代性技术的分析、对自身能力的分析，并在以上分析、理解的基础上，对潜在的商机进行市场判断。

二、市场细分

市场细分的目的是要确定：产品的客户是什么样的群体？该群体的特征是什么？该群体购买本企业产品的理由是什么？在分析出产品的目标群体的需求后，可描绘出细分市场的结构组成，以达到量身定制产品的目的。

三、综合竞争能力分析

综合竞争能力分析包括产品市场竞争地位的分析、产品市场竞争能力的分析及企业投资回报分析等内容。综合竞争能力分析不是单一指标的分析，而是多项指标的组合分析，要达到的目的就要解答以下几个问题：为什么这个商机就一定是我们的？为什么我们的优势是竞争对手所没有的？该产品是否能够盈利？投资的回报大概为多少？综合竞争能力分析要审视新产品与企业战略方向的吻合度，与竞争对手的差距，还要审视自身的能力，判断投资的机会及排序，以指导投资决策。

第二节　投资分析及评价

一、投资组合分析

投资分析及评价也是 IPMT 的职责。

集成产品开发模式强调对产品开发进行有效地投资组合分析。正确评价、决定是否应投资开发某一个新产品,以及正确地分配各个新产品的投资资金,都需要估算新产品的投资回报利润率。只有明确了投资回报利润率的各种静态和动态的决定因素和计算方法,企业才能对产品规划做出正确的判断和决策,进而确定对新产品的开发投资。

企业能否有效地做出投入资金的决策以及提高资金的运营效率,是一个战略问题,是产品投资组合计划必须解决的问题,也是企业业务投资组合计划的任务。尤其是经营多种产品的高新技术企业,要想正确地做出资金的投入决策,还必须要研究企业的产品结构,即要研究企业内各种产品的投入、产出、创利与市场的占有率、成长率之间的关系。企业的产品结构,总的要求应是各具特色、经济合理、具有组合竞争力。因此,产品结构的规划需要考虑主业方向、竞争对手、市场需求、企业优势、资源条件、收益目标等因素。

投资组合分析要贯穿整个产品生命周期,在产品开发过程中应设置检查点,通过阶段评审来决定项目是继续、暂停、终止还是改变方向。通常在每一个阶段完成之后,IPMT 都要做一次投资回报分析,以决定下一步是否继续,从而最大程度地减少资源浪费,避免后续资源的无谓投入。

二、衡量指标

投资分析和评审的依据是事先制定的衡量指标,这包括对产品开发过程、不同层次人员或组织的工作绩效进行衡量的一系列指标。产品开发过程的衡量标准有硬指标(如财务标准、产品开发周期等)和软指标(如产品开发过程的成熟度)。衡量标准有投资效率、新产品收入比例、被废弃的项目数、产品上市时间、产品盈利时间、公共基础模块的重用情况等指标内容。

企业在把握住商机并确定好商业模式后,就应进入市场管理流程,通过市场管理流程,对可能存在的商机进行筛选、收缩,制订出一套以市场为中心,能够带来最佳业务成果的战略实施计划。

第三节　产品线的规划

一、产品线规划流程

产品规划管理的目的:一是根据市场环境的变化抓住商机,并将商机及时转化为新产品，即以最佳的方式提供适应市场需求的创新性产品，以确保企业未来的发展。最佳的方式包括新开发产品、原有产品的演进及 OEM（Original Equipment Manufacture，原厂委托制造）相关部件等途径，或以上途径的组合；二是根据市场环境的变化，随时审视已确定的、正在开发的新产品是否已错过了商机，是否已丧失了有效的竞争性，审视已投产的产品是否已丧失了竞争性，是否已不能创造预期的经济效益，从而决定是否终止在开发产品的继续开发或已投产产品的继续生产。

产品规划管理与企业产品经营战略密切相关，其流程定位是介于产品经营战略与产品开发之间的管理环节。产品规划应符合企业产品经营战略的主体方向，应以企业整体产品经营战略为基础。企业需通过产品规划过程中的活动，不断地调整产品经营战略，使其能滚动修订并真正适应市场的需求。产品规划与产品经营战略的关系如图 6-2 所示。

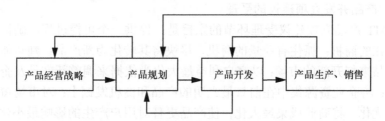

图 6-2　产品规划与产品经营战略的关系

产品规划管理包括产品开发立项建议的受理、产品开发立项评估、产品开发立项指令下达、产品开发终止建议受理、产品终止评估、产品终止指令下达等环节，如图 6-3 所示。

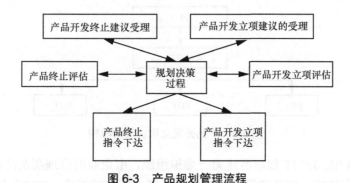

图 6-3　产品规划管理流程

图 6-3 所示的产品规划管理流程由 IPMT 和 SPT 负责。企业内的产品管理、开发、生产、销售、服务和商务管理部门及与企业有合作协议的外部联合开发

部门、OEM 提供商、转包商也都应遵循 IPMT 的产品规划管理流程。产品规划管理流程对企业内所有的软、硬件产品都适用。

产品规划管理工作由 IPMT 和 PDT 共同完成，IPMT 产品规划管理工作的起点、终点都与 PDT 的相同，起点是初始 PDT 成立（即图 6-1 中 PDT 收到 IPMT 发送的产品规划建议），终点是产品开发立项指令的下达或产品终止指令的下达，即 PDT 计划阶段的结束。PDT 在产品规划管理中的工作流程体现的就是 IPD 的概念阶段与计划阶段。

下面将根据产品规划管理流程，分别介绍产品规划过程中的产品开发立项建议的受理、产品开发立项评估、产品开发立项指令下达的全流程。

二、产品规划管理流程

1. 产品开发立项建议的受理

IPMT 产品立项建议受理环节的宗旨是：提供一个可控过程，确认并评价所有潜在的商机；抓住有前景的商机，尽快将其转化为新产品；判断能否凭借该新产品来打开新的市场；以客户利益最大化为依据来调整新产品及企业的产品规划；将企业资源集中在前景最光明的产品和商机发掘上；对市场窗口利用达到最优化；将商业成果最大化；使产品更替对用户产生的影响最小化；过程描述文档化，便于企业其他部门的调用。

（1）产品开发立项的决策机构

产品开发立项的决定由高新技术企业的 IPMT 做出，IPMT 的决策机构如图 6-4 所示。

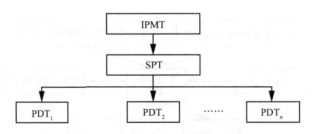

图 6-4　产品开发立项决策的机构

图 6-4 中，IPMT 如前所述为一虚拟组织，由企业的管理层及产品规划部、研发部、市场部、服务部等部门的资深专家、管理者组成。IPMT 在产品开发立项决策中的主要职责是做出产品战略的决策及批准并下达产品规划指令、产品开发立项指令、产品终止指令。因为 IPMT 是一个虚拟的团队，其成员平时

都有自己的本职工作,加之 IPMT 的成员都是企业的高层管理者和部门负责人,大多数并不是技术专家,不可能做大量的方案性工作,其主要的职责是根据方案进行决策,所以 IPMT 有一个智囊团,被称为 SPT。SPT 是一个正式组织,也可以是虚拟工作组,可指派相应 PDT 参与产品开发立项建议的研究。

(2) 产品开发立项建议的受理流程

产品开发立项建议的受理流程包括产品开发立项建议的收集、产品需求分析文档的建立、产品商务提案的提出、产品规划提案的提出、批准产品规划等,其之间的流程关系如图 6-5 所示。

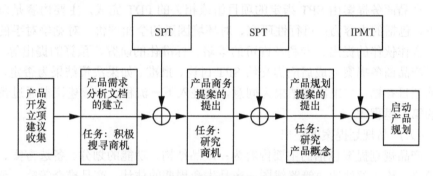

图 6-5　产品开发立项建议的受理流程

1) 产品开发立项建议的收集

每个商机都由一份产品需求来描述,产品开发立项建议申请可由任一部门来完成。如销售部门、市场部门、开发部门、服务部门、标准化部门或产品规划部门。正式提交产品需求时应以产品开发立项建议的形式提交,所提交的产品开发立项建议应包括:新的市场空间,并指出该市场空间的时效性;该新产品与现有产品的关系;该新产品的主要技术特征及功能等。产品规划部门或 SPT 专门可拟定一个新产品开发立项建议书的格式,开发立项建议书的格式要简洁,以表格形式为妥,应适当降低建议书的撰写难度,以提高各部门提交建议书的积极性。

产品开发立项建议的受理单位为企业产品规划管理部门(或 SPT),负责按流程进一步地推进并控制后续过程,从而确保过程的完整性。

2) 产品需求分析文档的建立

产品需求分析及文档建立的工作由企业的产品规划部门(或 SPT)承担,主要的任务是建立收集渠道,制订激励办法,以保证建议书的来源;积极搜寻商机,并在收集到的产品开发立项建议书的基础上,建立产品需求的正式文档。产品规划部(或 SPT)应指定专人协助提出观点的部门、个人清晰地表述观点,以达到规定的要求。产品需求文档应有市场描述、市场划分、用户群的需求、用户的收益来源、用户的商业盈利模式、企业自身的盈利模式、产品不能实现或计划推迟带来的后果、风险及投资的形式等内容。

产品需求分析文档完成后应提交给 SPT，由 SPT 讨论研究后，决定是终止该产品需求还是进入下一流程。如果决定终止，则停止研究该产品需求，并删除其存档；如果决定保留，则要划分出需求等级、排出优先级，其中优先级较高的由 SPT 首先指派项目组进行研究，此时该建议书通过预规划的第一个里程碑。

3）产品商务提案的提出

产品商务提案由 SPT 指定的项目组或相关的 PDT 完成，主要内容是研究商机，包括的内容为：可行性研究、对环境因素的全面评价、对竞争对手的分析、合作伙伴的提出、专利及许可的策略、标准化的研究、预算的提出等。

产品商务提案完成后应提交给 SPT 讨论、批准。如果决策结果为否定，则删除项目存档；如果决策结果为同意，则进入下一流程，则该建议书通过预规划的第二里程碑。

4）产品规划提案的提出

产品规划提案包括的主要内容为：产品结构、功能的划分、备选方案、制造策略、购买部件的决策路线图、产品生命周期的估计、产品推介策略、预算及资源计划、产品风险管理等。

产品规划提案完成后由 IPMT 来决策，如果提案未获通过，则删除存档；若提案通过，则通过产品预规划的第三个里程碑，进入产品规划流程。

IPMT 批准产品规划提案后，应成立相应的初始 PDT，并向 PDT 发布产品规划建议，并指派 PDT 的负责人，由 PDT 负责人组建初期的产品开发团队，此时正式启动产品规划工作，PDT 进入产品概念及产品计划阶段。所以，IPMT 的产品规划过程与 IPD 的产品开发流程中的产品概念及产品计划阶段是并行的。在产品规划过程中，凡是与产品内部实现方式有密切关系的工作，均由相应的 PDT 来承担。

2. 产品开发立项评估

产品开发立项建议受理过程（产品规划启动阶段）的主要工作是研究、分析新产品链的商业盈利模式及企业的竞争力，侧重于产品的外部生存环境分析。而产品开发立项评估（产品规划过程）的主要工作是通过描述产品的特征需求来定义产品，着重分析产品在预期时间内的可实现性，更侧重于产品的内部特性。

（1）产品开发立项评估的流程

产品开发立项评估流程包括对产品特征需求的评估、对产品可行性的研

第六章　IPMT的市场管理与产品规划

究、从系统角度进行的预分析、从实现角度进行的分析等，IPMT 最后以产品开发协议的形式与产品研发部签署产品开发协议，产品研发正式立项。产品开发立项评估流程如图 6-6 所示。产品开发立项评估中的大量基础性工作应由相应的 PDT 在产品概念阶段、产品计划阶段来完成，IPMT 指定的 SPT 起到组织、管理、把关的作用，为最终 IPMT 的决策提供决策服务工作，同时也起到流程中间环节的决策作用。

图 6-6　产品开发立项评估流程

1) 特征需求评估

对产品特征需求的分析、更新、补充、确定是特征需求评估的重要工作，也是定义产品的全过程。这一过程如果出现偏差，将会导致新产品功能及性能出现缺陷。

特征需求评估工作，首先要分析搜集到的各种来源信息，这些来源信息包括：市场研究、现场经验、竞争对手分析、招标信息、客户信息、标准更新、产品质量、环境需求、内部开发需求、OEM 及元器件供货厂商信息等，这些搜集到的信息应被整理成文档，在内部网上发布。在有了充足的特征需求的信息后，PDT 可归纳出几个主要的特征需求，包括产品的成本上限、产品的目标市场、产品的基本特征、产品的结构形式、产品的上市时间及产品的优先级别；评估、总结的产品特征需求经过排序后，由 SPT 组织企业内市场、销售、研发、产品规划等部门的人员进行评审，评审通过后，提交给下一流程进行产品可行性研究。

2) 产品可行性研究

产品可行性研究是在已发布和排序的产品特征需求的基础上进行的。在产品可行性研究阶段，PDT 要根据特征需求对产品的总体设计、产品在应用系统中的位置、各种接口的定义、产品功能级划分、可能的替换方案、制约条件、开销和工作量的粗略估计、可能的时间框架、实现的前提条件、产品的技术规范、参考资料等内容进行描述。

完成了产品可行性报告的初稿后，SPT 代表 IPMT 组织相关人员进行评审，评审的结果有以下几种可能：

① 结论不可行，延迟或取消进一步的研究；

② 原来确定的产品特征需求及排序不完全合适，要求变更产品特征需求及排序，重新启动特征需求评估工作，甚至重新启动产品开发立项受理过程，

更新产品商务提案、产品规划提案；

③ 通过可行性研究报告，进入预分析阶段。

3）预分析

预分析阶段，实际上就是产品的预开发阶段，包括：产品的初始总体设计；产品的模块划分；确定内部模块的功能及接口；对没有掌握的技术单独开展预研工作并寻找 OEM 替代方案；对产品成本和开发强度进行进一步的分析；确定产品系统级的仿真环境；用仿真结果验证产品的可行性；确定产品系统级的测试及验证环境；核查每一个特征思路或解决方案是否有可能成为某一项专利的基础；提出产品的专利计划。预分析的结果必须涵盖产品开发所需的全部要求。

通过预分析，PDT 完成了产品的总体设计，将完整的产品分解成为许多模块（特征包），并对所有模块的可行性、接口定义进行了确认，验证了产品级技术方案的可行性。

4）分析

分析阶段是产品开发立项评估的最后一个环节，PDT 要对产品所有模块（特征包）的可实现性进行确认，包括：对所有软件子系统、硬件子系统、电路板的可实现性的证明；对未采用过的技术的测试结果证明；对所有软、硬件模块测试环境的确认以及测试环境可实现性的证明；各模块（特征包）有关模块特征需求的技术要求文档的建立；各模块（特征包）功能实现所需的工作量及时间；产品的技术指标要求、测试规范；产品实现所需的经费及资源条件。分析环节作为产品开发立项评估的最后一个阶段，对文档和每个模块实现方法的评审十分严格。一旦分析环节的评审获得通过，就意味着产品开发正式立项，企业将要投入大规模的研发力量和资金。分析阶段的评审是产品开发立项评估的最终评审，具有极强的技术性，因此，不仅 SPT、IPMT 要参加评审决策，系统总体组、研发部的主要专家也要参加。分析评审通过后，产品开发将正式进入立项阶段，IPMT 将与其对应的 PDT 签署产品开发协议。

（2）产品开发立项评估的管理

产品开发立项评估的管理由开发立项建议的受理及开发立项评估两部分组成。由于开发立项建议的来源是多渠道的，因此对开发立项建议的要求不能过高，要靠流程化的管理及各环节的严格评审来达到高标准、严要求的目的。所以，开发立项的全过程是一个宽进严出的过程。由于企业在产品开发过程中受人力资源和资金资源的限制，不允许过多的产品同一时间立项，因此要实施产品开发项目的管道管理，使流入管道的"水"可控，产品开发项目在时间上实现均衡性，就需要对产品开发的立项划分等级和优先级，有计划地批准立项。产品开发立项建议受理开始到产品开发立项评估结束，一共要经历 7 个环节，每一个环节都可能出现开发立项建议的终止,也可能出现开发立项建议的合并及推迟。从图 6-7 可见,随着评审环节的增多,产品开发立项建议的数量是随流程逐步递减的,即便在立项评审结束,进入产品开发环节之后,产品的数量也还会小幅递减,原因是在产品规划管理中还有产品终止流程,还会有少部分的正在开发的项目被终止。

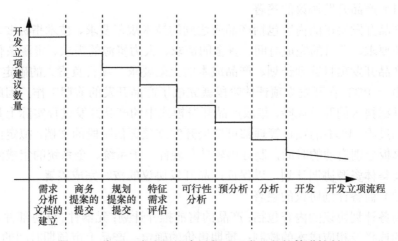

图 6-7　产品开发立项评审过程及开发过程的管道控制

从图 6-8 可见,随着评估进入后续阶段,资源的消耗将越来越大,这正是每个评估环节需要严格把关的原因所在。前一环节对开发立项的严格控制,可避免那些无竞争性的产品在以后的环节中产生不必要的支出。从图 6-8 的资源曲线图可以很容易地看到项目管道管理的必要性。

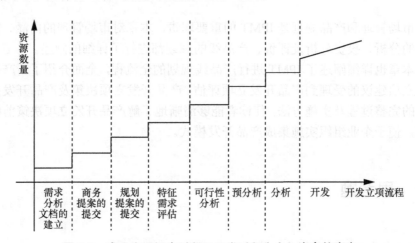

图 6-8　产品立项评审过程及开发过程人力、资金的支出

3. 产品开发立项指令下达

通过产品开发立项评估 4 个环节评审后的产品开发立项报告，经 IPMT 决策，得到批准同意后，可进入产品开发立项指令下达环节。产品开发立项指令下达时，IPMT 要与 PDT 签署产品开发协议，而 PDT 则同企业相关的部门签署商务计划协议。

（1）产品开发协议的签署

产品开发协议的内容包括产品应达到的技术规范要求、技术指标要求、测试规范要求、项目的完成时间、资金的需求、人力资源的需求、资源条件的需求、产品开发项目管理计划、产品成本的上限要求、项目负责人的确定等。

由于 PDT 在开发立项评估阶段就完成了产品开发的前期工作，因此不存在未掌握技术的开发风险，集成产品开发模式中的产品开发过程实际上是进度可控的过程。PDT 的项目管理部可依据开发立项评估阶段的文档，拟定出各模块、单板分别启动的时间，制订出软件、硬件、子系统、全系统的集成测试时间表及整体资源协调计划，以保证产品开发协议的按时完成签署。

（2）商务计划协议的签署

商务计划协议的内容包括：产品的售前推介计划；元器件、外协部件、OEM 厂商的选择及相应成本的控制；预期售价的确定；产品上市预期时间的确定；中试、生产环节的启动时间等内容。

第四节　本章小结

市场管理和产品规划是 IPMT 的重要职责，本章对市场管理的内涵、客户需求的分析、投资分析及评价、产品线的规划都进行了详细的阐述。

本章也详细阐述了 IPMT 进行产品线规划的全流程，全面介绍了新产品从开发立项建议的受理到产品开发立项评估、产品开发立项决策及产品开发指令下达的完整过程及实施方法，使读者能够清晰地了解产品开发立项决策前的全流程，便于企业组织实施集成产品开发模式。

思考题

1. SPT 在产品规划中起什么作用？

2. 产品开发立项建议由谁提交？
3. 为什么产品终止也是产品规划的内容？
4. IPMT 的产品规划阶段对应于 PDT 的什么开发阶段？
5. 什么是产品开发建议？什么是产品规划建议？什么是产品开发立项建议？分别由谁起草、提交？

第七章
对商业机会和商业模式的把握与决策

> IPMT 拥有对产品开发过程中各重大节点的决策权,但这个决策并不是对技术本身进行决策,而是对企业的商业机会、商业模式进行决策。要想把握住商业机会、确定合适的商业模式,IPMT 就要正确判断企业应何时进行延续性技术创新,应何时进行破坏性技术创新,应何时同时进行延续性技术创新及破坏性技术创新,以便企业在外部环境发生变化时不会错失良机。

第一节　IPMT 对市场机会的把握

对于企业而言，技术创新是企业发展的源动力，但目前技术更新的速度越来越快，不断有新的技术诞生，企业既面临着本行业已有技术的不断演进，又面临着其他行业的新技术替代本行业技术的挑战。所以，企业一定要有高度的敏锐度，要随时洞察可能出现的新商机。把握商机是企业 IPMT 的重要职责。

在捕捉到商机后，IPMT 要能准确判断产业链及企业的商业模式。首先要做的是对商业机会的把握及对产业链和企业可盈利的商业模式的判断。这是企业最为重要的战略决策内容。

第二节　商业机会

商业机会就是新兴市场出现的战略机会。当新兴市场的战略机会显现，所有的人都能看到时，就意味着错失良机。要把握住新兴市场的战略机会，企业必须要有能够洞察商业机会的敏锐的眼光。商业机会的把握不是靠碰运气，而是有一定的规律可循的。

一、"延续性技术创新"带来的商机

本行业技术更新换代所带来的商机是本行业内的技术演进，一般来说，本行业内的技术更新换代是可预见、可预期的，本行业内的技术更新换代往往代表着技术的发展趋势。技术更新换代，往往也代表市场格局被重新"洗牌"，跟得上技术发展的企业就能把握住市场的先机，反之，将会被市场淘汰。

这种行业内的技术更新换代被称为"延续性技术创新"，延续性技术的更

新换代是根据原产品主流市场中主流客户的需求推动的,行业内原产品的主流客户一直以来都很看重产品的性能,希望厂商能不断地提高原产品的性能,主流客户的技术需求成为"延续性技术创新"的市场动力。一般来说,行业内大多数的技术进步在本质上都具有延续性,"延续性技术创新"会推动原产品性能的改善,且这种创新延续了企业以往的商业模式,主流客户也没有发生根本改变。

当竞争者依据原主要客户的需求改进产品的传统性能,并将改进后的产品推销给原主要客户时,最有优势的仍是原来市场中的领先企业,即使是最具突破性、最具复杂性的延续性技术,也很少会导致领先企业的失败。也就是说,在"延续性技术创新"中,最后的赢家往往都是行业内原来的领先企业,当然也会有新兴企业的机会,但新兴企业在"延续性技术创新"中,即在技术"洗牌"中获胜的难度很大。

对讲机是大家常见的一种短距离通信工具。一个人在用对讲机讲话时,远处的凡是持有对讲机的人都能同时听到。这种通话方式称为"组呼"或"群呼"。对讲机是酒店、物业小区、机场、车站等单位普遍使用的一种内部联系的通信工具,目前我国社会上正在使用的有 5000 万部以上,且全部都采用传统模拟通信技术。

2009 年 12 月,工业和信息化部发布 666 号文,从而开启了我国数字对讲机的技术制式之门。我国计划用 5 年的时间以数字对讲机全面取代模拟对讲机。随着技术的进步,用数字技术取代模拟技术是大势所趋,这种趋势也给对讲机行业带来新的商机。

一个商机的显现并不是像捅破一层窗户纸那样简单,主要原因:一是大家对新技术还不够了解,不敢马上做出判断;二是传统市场的利益获得者不愿意重新"洗牌";三是任何新技术都会经过成熟期才能成为商品。

商机时刻都有可能出现的,但商机发生或商机可能发生时,绝大多数的人是难以洞察到的。有的高新技术企业的管理者洞察到了,但由于担心新商机会颠覆自己已经获得的市场地位,因此首先做的不是果断地去把握商机,而是采取抵制新技术的策略。所以,能真正把握商机的是有战略眼光的高新技术企业管理者。当新技术已完全成熟,人人都不质疑该新技术的发展趋势,大家都认为新技术已没有市场风险时,商机其实已经过去了。

二、"破坏性技术创新"的替代性商机

在如今这个技术高速发展的社会中,不同行业的技术对其他行业的替代是

屡见不鲜的。在发生技术替代时，传统技术产品的控制者、市场的既得利益者会想尽一切办法来延续其已有的市场垄断地位，而新进入者也会尽一切可能，用新技术的优势来突破传统的市场，拟通过"洗牌"来颠覆原有的市场格局。

这种跨行业的技术性替代也被称为"破坏性技术创新"，"破坏性技术创新"是针对"延续性技术创新"而言的，之所以称之为"破坏性"，是因为该技术创新没有按照行业内可预见的技术更新换代来发展，也就是没有按照"延续性技术创新"的思路、规律来创新，"破坏性技术创新"往往是利用跨行业技术创新的成果，出其不意地将其用到本行业。"破坏性技术创新"对行业内市场中原来的领先者带来了巨大的挑战，行业内市场原来的领先者往往采用的是"延续性技术创新"，领先者对本行业的技术进步具有高度前瞻性的判断，并且有一整套的技术演进方略。但"破坏性技术创新"用一种完全超乎寻常的技术方式，甚至是被市场中原领先企业认为是不可能撼动其垄断地位的技术方式来创新的。破坏性技术在初期往往不被市场看好。

初期，破坏性技术创新产品的性能要低于主流市场的成熟产品的性能，它们只拥有一些边缘客户（通常也是新客户），这些客户看重的是破坏性技术的其他特性。破坏性技术创新产品总是根植于与传统市场完全不同的、特别注重产品新性能的市场，这就是破坏性技术创新，因为这种技术创新彻底颠覆了原有的产品体系，并重新定义了产品标准。

尽管初期的破坏性技术创新产品的性能可能无法满足市场客户当前的需求，但这种创新技术日后可能会发展成为市场上完全具备竞争力的技术，且掌握破坏性技术创新产品的企业往往会超过传统市场的领先企业。由于市场的新进入者在传统市场中没有任何机会，因此市场的新进入者会热心地创造破坏性技术创新产品。所以，破坏性技术创新的赢家往往是新进入者。

1. 数码相机颠覆胶卷相机的市场

二十世纪六七十年代，是传统胶卷相机开始普及的年代。那时，人们生活水平提高，每个家庭都期盼拥有一台胶卷相机。面对广阔的相机市场商机，不同的厂商所看到的商机是不完全相同的。有的厂商看到的是普及率越来越高的胶卷相机的市场商机，他们在计算着现在全球胶卷相机存量的绝对数与十年后胶卷相机普及后增量的绝对数的差额，他们看到的是胶卷相机、胶卷及冲印产业发展潜力的商机；而有的厂商看到的是技术进步带来的市场商机。他们认为，在传统胶卷相机市场，无论市场规模怎么扩大，对于新进入者而言，战胜传统的老牌胶卷相机和胶卷厂商，都是一个难以跨越的门槛。他们希望是数码相机的快速普及，而不是胶卷相机的快速普及。由于信号处理器（Digital Signal Processor，DSP）的运算速度越来越快，存储容量越来越大，集成电路的功耗也越来越低,用数字的方式来进行图像的处理、存储、传输已经成为了可能。这类厂商看到的是用数字技术颠覆传统胶卷市场的商机。

最终由于技术的进步,数码相机终于颠覆了传统的胶卷相机市场,成为最终的赢家。但数码相机的成功道路也不是一帆风顺的,也经历了诞生初期成本高、功耗大、电池供电时间短、像素低等问题。庆幸的是,技术的发展趋势不可抵挡,这是把握商机的重要前提,即一定要把握技术的发展趋势。市场新进入者往往采用这种颠覆性的技术来把握商机,以此来战胜传统市场的统治者。

2. 石英电子表替代机械手表的市场

20世纪70年代以前,机械手表是手表产业的主体。机械手表看似体积很小,但它的机芯是一整套十分复杂的机械传动系统,但长期使用后,机械传动系统容易因磨损而精度下降。许多老牌的手表厂商,凭借其精湛的工艺水平,使得机械手表的精准度并不会因为使用时间长而发生变化,从而在世界上形成了著名的品牌。

但随着电子技术的发展,石英晶体的体积越来越小,成本越来越低,将其作为振荡源,频率稳定度远远高于机械振荡方式,加之电子技术、集成电路技术的高速发展,20世纪70年代,石英晶体电子表以极低的价格、极高的精准度很快就占领了传统机械手表的市场,成为手表产业的主体。

产品替代型商机的出现,往往是因为其他行业技术的发展影响到了本行业的传统方式,产生了替代性的结果。这种替代性的结果将在什么行业发生?将在什么时候发生?将被什么技术所替代?能够预见性地回答这些问题,就是把握了商机。商机的把握要求有广泛的知识、敏锐的眼光、超前的创新意识,跨行业的替代性商机的把握是极具挑战性的。

三、新技术潮流诱发的商机

能同时诱发多个行业出现商机的新技术潮流其实就是一种广域性的破坏性技术创新潮流。这种破坏性技术并不是在行业内所能预见到的更新换代的技术,也不是只影响一个行业的破坏性技术,而是能同时破坏许多行业的技术发展路线。企业的管理层应在破坏性技术创新潮流即将到来之前,就能及时洞察到其将会对本行业带来什么样的机会。判断、把握住新技术潮流对未来的改变,就一定能够把握住许多的商机。下面以互联网为例来说明新技术潮流所诱发的商机。

互联网技术是20世纪90年代开始发展的一种全新的计算机网络技术。由于互联网技术的开放性,任何计算机都能很容易地加入互联网中来,而不需要经过入网审批程序,只需申请到一个网址即可,因此互联网的发展通道很容易被打开。互联网的发展将改变人们的工作、生活方式，由此也会形成许多新兴的产业。目前许多成功的互联网企业都是及时把握了互联网这个新技术潮流所带来的商机。

四、市场需求所形成的商机

前面所介绍的商机把握方法，都是通过对技术发展趋势分析、判断出来的。除此也有许多企业是以追求市场需求为导向来发现新的商机的。下面以移动通信的高速发展为例来说明这一点。

目前，手机都已接近 100%的普及率，在手机上填加各种各样的应用，是手机用户的需求。若能满足这些需求就能发现许多商机。

许多企业以用户需求为导向，开发了大量的、前所未有的手机应用，如手机导航、手机电视、手机支付、手机门禁系统等，而将市场、用户的需求变为产品的过程就是企业获得商机的过程。

第三节　产业链的商业模式

一、健康的产业链商业模式是实现商机的前提

企业的商业模式是企业创造价值、盈利的模式。但企业并不是孤立存在的，要想拥有盈利的商业模式，首先其所在的行业应有健康的产业链商业模式。所谓健康的产业链商业模式就是产业链要具有盈利的商业模式。一个行业的完整产业链中，有产业链的上游、中游、下游及最终的使用客户。产业链上游、中游、下游协作的产物就是为最终客户所提供的产品和服务。一个完整产业链的健康的商业模式是：产品最终的使用客户群体愿意为该产业链所提供的产品、服务买单。最终客户为产业链产品和服务所支付的费用总和应大于产业链上游、中游、下游各环节平均成本的总和（累计扣除）。只有在这个前提下，产业链上游、中游、下游各环节中的企业才有可能同时具有自身的商业盈利模式。

所以，企业在判断自身商机的同时，还要判断这个商机的产业链组成，判断产业链整体的盈利模式是否存在。如果连产业链整体的盈利模式都不存在，

第七章　对商业机会和商业模式的把握与决策

那么产业链中的企业即便经营独到,企业自身的盈利模式也难以维持。下面用两个实例来说明产业链整体盈利模式对企业盈利模式的重要影响。

1. 互联网曾经的泡沫破裂拖累整个产业链

互联网是近 20 年来发展最快、对人们生活和工作影响最大的产业。在互联网刚开始为公众提供服务时,对商机敏感的企业或个人预见到未来的潜在商机,投身到这个产业中来,经过短短几年的时间,就组成了互联网的完整产业链。这个产业链从上游到下游的构成是集成电路、软件、计算机、路由器、光纤光缆、光传输系统、电信运营商、SP 接入商、门户网站、最终的互联网用户。20 世纪 90 年代末期,互联网产业链异常火爆,企业只要进入这个产业链中的,就能立即得到资本市场的追捧,资本市场的巨额资金回报,使得更多的企业千方百计地投入互联网的产业链中来。

当人们都在头脑发热地把握历史商机时,没有人去考虑这样的互联网产业链有没有盈利的商业模式,没有人去考虑最终的客户为互联网的服务支付了多少服务费。当时互联网采用的是免费应用的商业模式,几乎所有的互联网业务都是免费的,免费促使互联网网络快速扩张,互联网产业链中各环节的公司都在暴增,大家都在为抢占商机而大规模地投资扩张。当时没有人为互联网业务付费,大家把盈利的方式都期盼在资本市场的回报上,而资本市场最终也清醒过来——其实互联网产业链中各企业都是不盈利的,各企业都没有为投资人创造价值。2000 年左右,全球互联网泡沫终于破裂,互联网产业链中大量的企业倒闭。

事后再来反思,企业把握技术商机是很重要的,但企业在追逐新技术潮流的商机时,还应冷静地分析、判断一下整个产业链的商业模式,只有企业商机与新兴产业链的整体盈利模式同时存在时,才是企业应把握住的历史商机。

2. 欧洲 3G 频率高价拍卖拖累整个产业链

2000 年 5 月,ITU 向全世界宣布 3G 国际标准的评选结果。最终成为国际 3G 标准的提案分别为:欧洲提交的 WCDMA、美国提交的 cdma2000、中国提交的 TD-SCDMA。当时全世界都对 3G 标准的产业化和未来的收益寄予了厚望,所有有实力的企业都争相加入 3G 产业链。当时 3G 产业链中的上、中、下游的企业均认为商机已来临,争相参与 3G 频率的争夺(只有获取了运营频率才能进行 3G 的运营)。由于想获得 3G 频率的运营商太多,而 3G 的频率资源又十分有限,因此为体现公平,欧洲采用了拍卖 3G 频率的方式来决定频率使用的归属权。

在拍卖会上,参与拍卖的全球电信运营商十分踊跃,谁也不愿意因一时的犹豫而错失未来的商机,从而使得欧洲的 3G 频率拍卖价格在不断飙升。最后的拍卖结果：英国拍卖了 5 个 3G 牌照对应的 3G 频率段，拍卖所得收入共为 360 亿欧元；德国拍卖了 5 个 3G 牌照对应的 3G 频率段，拍卖所得收入共为 450 亿欧元。仅 2000 年，欧洲部分国家拍卖 3G 频率的收入总额就超过了 1 100 亿欧元，按照当时的汇率，仅一年内的拍卖所得收入约为 1 万亿元人民币。而竞争 3G 频率的运营商，花费了近 1 万亿元人民币，所获得的仅是 3G 运营的许可权，而真正需要花费巨资的是日后将要购买的 3G 基站设备、网络设备及建设费用。为了得到一个商机，这些电信运营商付出了超出回收能力的资金。也就是说，在还没有建网、没有任何 3G 用户、没有任何 3G 业务收入的情况下，电信运营商已背负了巨额的包袱，不要说收回投资，就是每年要支付的利息费用也是一个惊人的数字。事后，凡是参与欧洲频率拍卖并获得 3G 频率的电信运营商几乎陷入巨额的亏损之中。

由此可见，商机固然重要，但商机的把握一定要结合产业链的整体盈利模式。

二、关注新兴产业崛起时的产业链商业模式

任何新兴的产业崛起时，都容易产生一拥而上的局面，这时企业在把握商机的同时，更应关注其产业链的健康的商业模式。比如，在信息通信领域，对于目前最引人瞩目的物联网、云计算、智慧城市等的广阔发展前景，没有人有异议，但关键是相关企业要注重其产业链初期的盈利模式。

我们对新兴产业要充满信心，比如互联网企业和欧洲的 3G 运营商在经历了产业链商业模式的波折后，现在他们也都找到了健康的产业链商业模式。健康的产业链商业模式使互联网和 3G 产业都得到了快速的、蓬勃的发展，参与其中的企业也都获得了相应的回报。

第四节　产品的商业模式

企业要学会把握商机，要学会在判断商机的同时判断产业链整体的商业模式是否健康。如果产业链的商业模式和商机同时存在，企业就应果断地抓住这个难得的商机，但并不是所有的企业都能在商机中得到快速发展。在同样的外部条件下，企业能否获得成功的关键是企业自身的商业模式是否正确。企业一定要有自己独特的、可盈利的商业模式。本节以几个案例来说明应如何建立企

业的商业模式。

1. 先进技术因商业模式不健康而夭折的案例

以美国"铱星"公司为例。"铱星"公司用了 10 多年的时间，持续投资近百亿美金，用于移动卫星系统的开发。其发射了 66 颗移动卫星，以此来构建覆盖全地球表面的天空移动基站网络，并以天空移动基站网络来取代地面上大量的地面移动通信无线信号基站。2000 年，"铱星"系统正式交付使用，但仅时隔一年，2001 年"铱星"公司就宣告破产，原因不是创新的技术、产品没有开发成功，而是因为"铱星"的手机成本和通信资费太高，无法与当时的 GSM 系统竞争。最终，"铱星"系统这个 20 世纪最伟大的技术创新工程就像流星一样陨落，巨额的技术创新投资随之消亡。可以假想，假若"铱星"公司在技术创新过程中失败，即在技术上无法实现当初的设想，可能就不会发射 66 颗卫星，最终的损失可能就没有后来这么惨重。也就是说，不被市场接受的技术创新的风险是最大的。

2. 不先进的技术因商业模式正确而成功的案例

中国"小灵通"采用的是日本的 PHS（Personal Handy-phone System，个人手持电话系统）无线技术。PHS 在日本的用途仅为社区电话，其基站的覆盖半径小，作为社区服务的通信工具还是可以的，但其技术是远远比不上当时的 GSM 和 CDMA（Code Division Multiple Access，码分多址）系统的。

但在中国，"小灵通"设备制造企业抓住了商机。当时移动通信业务的发展势头很好，移动电话的资费也很高，且可以双向收费，具有很好的盈利模式。但因政策的限制，那时的中国电信、中国网通只有固网运营牌照，不能经营移动通信业务，而无法拥有这个高回报的移动业务模式。而当时中国的"小灵通"设备制造商从日本引入了 PHS 无线技术，以无线市话的名义，将 PHS 改成能够越区切换的、无缝覆盖的无线网络，并用其来效仿移动通信系统；同时，固网运营商急于想拥有一种准移动通信业务，用以参与移动业务的竞争，又因为"小灵通"网络结构简单、机身便宜，所以固网运营商采取仅为移动通信资费 30%～50%的价格，来作为"小灵通"的资费，以低资费的方式形成独特的商业模式，由此产生了大量"小灵通"用户群体，用消费者的低资费需求形成了商机。由于"小灵通"网络的投资相对较少，因此整个产业链也是盈利的。

这个案例说明，技术先进不是决定企业商业模式盈利的唯一因素，把握商机，满足用户的真正需求，将企业的利润回报点与客户所期盼的价值点相吻合就能构建盈利的商业模式。

第五节　本章小结

IPMT 的重要职责之一就是要把握住企业的战略发展机会，而战略发展机会的核心就是要确立高新技术企业可盈利的商业模式。

本章详细阐述了企业应如何把握商业机会，应如何判断所在行业产业链整体的健康情况，应如何确立企业自身的商业模式。

对企业而言，战略发展的商机大多数都与技术的发展趋势有关，因此，本章在阐述把握商机的方法时，着重介绍了跨行业技术所产生的替代性商机、本行业技术更新换代所产生的商机、新技术潮流诱发的商机及市场需求所形成的商机等内容。

企业的管理者，仅能看到商机还不够，还应具有对商机的进入时机、进入方式的选择判断能力。对于进入时机、进入方式的决策有一个重要的判别条件，就是实施该商机时整个产业链的商业模式是否健康。健康的产业链商业模式是企业具有盈利商业模式的前提，但目前许多企业的管理者只关心自身企业的盈利商业模式，不考虑整个产业链的商业模式。如果整个产业链都没有可盈利的商业模式时，在该产业链中的企业，最多也只能短期盈利，不会有健康的企业商业模式。本章也着重阐述了判断健康的产业链商业模式的方法，企业的管理者可以此来判断产业链商业模式的状况。

只有当商机及产业链商业模式可盈利这两个条件都存在时，才是进入该商机的时机。但并不是所有的企业都能获得盈利的机会，这时企业的管理者应正确确立企业自身可盈利的商业模式。本章通过案例详细介绍了企业建立自身可盈利商业模式的方法。

企业管理者应会洞察商机，能够正确判断进入商机的时机，正确地确立企业自身的盈利模式。具有这样判断能力的企业才能在市场多变的环境中，把握住企业的战略发展机会。这正是企业中 IPMT 的重要职责。

 思考题

1. 什么是延续性技术创新？什么类型的企业易在延续性技术创新中获得成

功？为什么？
2. 什么是破坏性技术创新？什么类型的企业易在破坏性技术创新中获得成功？为什么？
3. 什么是产业链的成功商业模式？
4. 什么是企业的成功商业模式？
5. 技术能够决定企业商业模式的成败吗？为什么？

第四篇
设计开发流程如何与非技术制约因素相容

✚ 第八章　产品设计开发流程中的经济决策

✚ 第九章　产品设计开发流程中的知识产权管理

第八章
产品设计开发流程中的经济决策

按产品型号进行财务的独立核算，一直都是企业管理的难题，在传统的产品开发、项目管理模式中更是如此。任何一个产品型号的成本都分布在研发部、中试部、生产部、销售部、服务部等多个部门，要将产品成本从多个部门中一一列出来可真不是一件容易的事情，但如果做不到这一点，就会出现部分产品在经营收益中滥竽充数的情况。在IPD模式中，这一困扰企业管理者的难题被迎刃而解了，这是IPD在解决产品开发问题的同时所产生的综合管理成效。

第一节　设计开发流程中必须考虑成本、经济制约因素

一、产品具有技术和经济双重属性

由于任何产品同时都具有技术和经济双重的属性，因此无论哪个企业在下达产品的设计/开发任务时，都是既下达该产品拟达到的功能、性能等技术指标，又下达拟达到的成本限额、经济回报等经济指标。一个新产品的设计/开发解决方案是否成功，要以该新产品是否能够同时达到上述技术、经济双重指标的任务要求作为判断依据。

一个新产品的设计/开发解决方案一旦完成，该新产品的功能、性能、技术指标就确定了，我们可以通过该设计/开发解决方案来验证该产品所有的功能、性能，也可以通过该设计/开发解决方案计算出该产品所有的技术指标。如果有功能、性能、技术指标没有达到预期的设计要求，就必须要重新修改设计/开发解决方案，通过设计修改来改变产品的功能、性能、技术指标，直到完全实现预期的功能、性能、技术指标要求为止。同样，新产品的设计/开发解决方案完成时，该产品的成本基线也就被决定了，我们可以通过该设计/开发解决方案进行经济决策分析，判断新产品的成本指标、销售价格、经济回报结果等经济指标是否能够达到预期要求，如果经济决策的结果达不到预期经济指标的要求，则必须要重新修改设计/开发解决方案，直至达到预期的经济指标目标为止。

如果完成的设计/开发解决方案只能达到预期的功能、性能、技术指标要求，而达不到预期的成本限额、经济指标要求，或完成的设计/开发解决方案只能达到预期的成本限额、经济指标要求，而达不到预期的功能、性能、技术指标要求，则这样的设计/开发解决方案就是不合格的设计/开发解决方案，就必须要进行修改。通过修改在技术指标与经济指标中寻找平

衡点，以期同时达到技术及经济的双重指标目标，这就是产品开发中的经济决策方法。

二、产品成本及经济指标是设计/开发的边界条件

虽然社会上不会对我们的设计/开发解决方案直接限价，但工程、产品都是存在市场竞争的，竞争对手的销售价格就是我们必须要考虑的边界条件。企业在立项后进行工程、产品的设计/开发时，需要确定销售价格及在全周期、全流程各个作业环节的成本构成，这个先期下达的销售价格及成本限额就是解决复杂工程问题（设计/开发解决方案）的非技术约束边界。解决复杂工程问题（设计/开发解决方案）必须要考虑技术与非技术约束的相容性。

在产品设计/开发的概念阶段进行产品定义时，我们必须要事先确定拟设计/开发产品的全流程的成本、产品的销售价以及产品未来的经济回报。之所以要在设计/开发之前就确定产品全流程的成本及销售价格，是因为产品的成本、价格是由市场竞争环境决定的。所以我们必须要将产品成本及经济指标作为设计/开发的边界条件。

之所以要强调产品全流程的成本，而不仅仅只是研发阶段的成本，是因为产品成本是决定产品销售价格的依据，如果只考虑研发阶段的成本，而遗漏了中试、生产、销售、安装、服务环节的成本，那么产品的定价一定会严重偏低，会导致产品经营亏损。除此之外，因为中试、生产、销售、安装、服务环节的成本基线是由设计/开发解决方案决定的，所以在产品设计/开发前，我们必须在产品定义中确定产品全流程的成本及经济指标，以此作为产品设计/开发的边界条件。通过边界条件的约束，在确定设计/开发解决方案时，我们才能够统筹中试、生产、销售、安装、服务环节全流程的成本指标要求。

第二节　传统产品开发、项目管理模式中成本管理的弊端

一、产品成本分布在各业务执行部门

在传统产品开发、项目管理模式中，组织结构导致一个独立产品的开发、生产、服务等业务单元被分设在企业中的不同的业务执行部门，如图8-1所示。

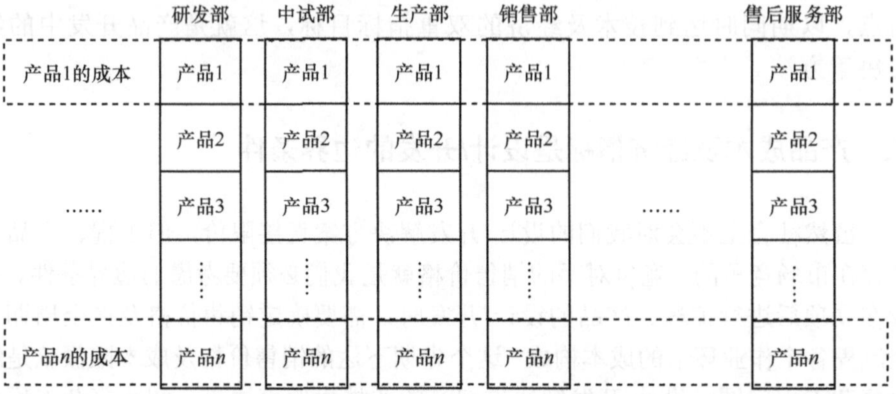

设计开发流程与工程项目管理的原理及运用

	研发部	中试部	生产部	销售部		售后服务部
产品1的成本	产品1	产品1	产品1	产品1		产品1
	产品2	产品2	产品2	产品2		产品2
……	产品3	产品3	产品3	产品3	……	产品3
	⋮	⋮	⋮	⋮		⋮
产品n的成本	产品n	产品n	产品n	产品n		产品n

图 8-1　传统产品开发模式中产品成本的分布

传统产品开发、项目管理模式中的各业务执行部门，如研发部、中试部、生产部、销售部、售后服务部等都是独立设置的，任何一个业务执行部门都要承担本企业所有产品在该部门的业务职责。如生产部，既要负责产品 1 的生产，又要负责产品 2 到产品 n 的生产。所有产品在生产阶段内发生的成本（除直接材料、直接人工成本外）都被归集在生产部，生产部就成了一个成本中心，最后这个成本中心的累积成本总额分摊给各个产品。其他部也是如此。这种先归集再分配的成本管理办法严重混淆了不同产品自身所发生的成本：产品 1 在这个业务环节发生的成本，却人为地被装入"大锅"中形成"大锅饭"，然后"大锅饭"再被分配。

另外，一个产品所发生的成本被分摊在若干个业务执行部门中，这就导致了另外一个问题，即产品成本的核算变得很困难，使企业难以在日常的工作中对单一产品的成本进行有效地控制、管理。因此，在传统产品开发、项目管理模式中，不是以产品为单位而是以各业务执行部门为单位进行成本规划、成本预算、成本控制和成本管理的。这种成本管理模式在当今市场竞争日益激烈的环境下，将会严重削弱企业的竞争力。这也是传统产品开发、项目管理模式中成本管理的弊端之一。

二、仅以年度周期来审视产品的盈亏

在传统的产品开发、项目管理模式中，企业是用财务会计的方法进行产品成本及盈亏核算的，而财务会计进行的企业、产品的盈亏核算是以财务年度为周期。但许多高新技术产品的开发是跨年度的，且有的复杂的高新技术产品仅在产品开发阶段就会跨几个财务年度。这时如果按照财务准则，跨年度开发的产品所发生的成本、费用，在每个财务年度就被纳入企业当期的财务损益报表中核算了，而没有累积归集到该产品的盈亏核算中去，而由当期财务年度中所有的其他产品共同分摊了，从而将会直接影响到其他产品的净利润回报。比如，某产品跨年度的研发费用，在该产品还没有投产、销售时，该产品所发生的研发费用都在其发生的每个年度成为高新技术企业的当年的管理费用，进入了企业当年的损益，待该新产品正式发布、生产，要进行该产品的成本核算，确定该产品的定价时，就不再去考虑其在以往年度所发生的研发费用，从而导致该产品定价不准确。同时，研发费用没有纳入产品线的盈亏核算，也会导致产品线不注重研发费用的控制，研发费用会居高不下。还有一些与产品型号密切相关的成本，如产品质量成本，因为不在产品销售的当年发生，一般都被计入企业当期的销售费用中，成为企业的期间费用，致使产品质量成本没有反映在该产品线自身的成本之中，干扰了该产品的准确定价和经济决策。无论是跨年度的产品研发费用，还是跨年度的产品质量成本，由于它们在财务核算的当期已进入企业的期间费用，没有与该产品的成本挂钩，都会导致该产品定价时成本的遗漏，导致该产品定价偏低。另外，在对产品进行投资回报分析时，若只按财务年度来核算也是不准确的。

第三节　集成产品开发模式中产品独立核算的优势

集成产品开发模式的产品成本分布如图 8-2 所示。

图 8-2　集成产品开发模式的产品成本分布

图 8-2 所示的产品成本分布与图 8-1 的所示的产品成本分布的差别是非常大的。在图 8-2 中，各业务执行单元都是按产品线设置的，任意一个产品线中都包括了该产品线所需的研发、生产、经营等全部的业务执行单元，该产品在生产、经营中所发生的产品成本都发生在本产品线之中。这样产品线（产品开发团队）既是该产品经营收入的承载体，又是全部产品成本的发生地。因此，每一条产品线就是一个虚拟的利润中心，而不是成本中心。

在集成产品开发模式中，企业要充分利用产品线独立核算的优势，在每一个产品线内制订产品变动成本的控制、管理机制。成本的控制、管理机制包括下述三个方面。

一是在产品线内在每一个业务环节建立可度量、可记录、可对比、可考核的变动成本管理模型，将利润中心管理机制延伸到产品线中的每一个业务执行单元。除研发以外，企业可对中试、生产、销售、工程安装、售后服务等业务执行单元用作业变动成本法进行产品变动成本管理，将产品线内的每个业务执行单元都变成模拟的利润中心。由此可将企业对产品线下达的利润指标分解、落实到每一个具体的业务执行单元中去，使产品线的成本、利润可控、可管。

二是可以将该产品线从产品策划到研发、生产、销售等各环节产生的成本进行累计，将该产品线的产品总销售数量、平均销售单价分别进行累计，得出该产品的总投入和总产出，以准确地核算出该产品的投资回报数值。

三是有利于将产品价值的提升作为管理的核心，便于提升高新技术企业的管理效率和核心竞争力。

第四节　产品全成本（全流程成本）管理

一、产品全成本概念

所谓产品全成本就是产品开发全流程的成本，是指企业从策划一个新产品开始到该新产品立项研究、开发、制造、销售、服务、改进、更新、终止等产品生命周期内所有成本之和。图 8-3 是产品全成本管理的示意。

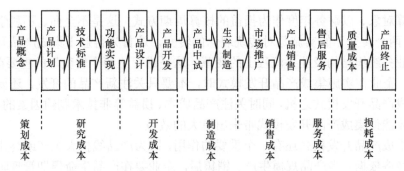

图 8-3 产品全成本管理的示意

二、产品全成本核算

之所以要进行产品全成本核算,是因为在产品的完整生命周期中,发生了产品策划成本、研究成本、开发成本、制造成本、销售成本、服务成本和损耗成本,这些成本都是产品成本,都应归集到该产品中。该产品在整个生命周期内销售获得的总收入,减去该产品的全部成本(包括策划成本总额、研究成本总额、开发成本总额、制造成本总额、销售成本总额、服务成本总额、质量成本总额和损耗成本总额)后,才为该产品在整个生命周期内产生的毛利总额。

因此,在集成产品开发模式中引入产品全成本的概念,以产品线为核算对象,将该产品线全生命周期内所发生的与该产品线有关的全部成本进行累积,核算出该产品线全生命周期的盈亏。

第五节 产品成本、损益核算的"两个转变"

通过引入集成产品开发模式,企业实现了产品成本、损益核算方式的"两个转变":一是将面向各业务执行部门的成本规划、管理方式转变为面向产品线的成本规划、管理方式;二是将以财务年度为周期来审视产品盈亏的方式,转变为以产品的生命周期来审视产品的盈亏的方式。这"两个转变"是产品财务管理方式的重大变化。企业开发新产品的最终目的都是追求高的投资回报,而这"两个转变"以产品成本为控制对象、以产品的完整生命周期来核算回报,所以集成产品开发模式是科学有效的成本、效益管理模式。

在传统的产品开发、项目管理模式中,企业采用的是以业务执行单元为成本核算对象、以财务年度作为损益的核算周期方式，这是不全面、不科学的方式。"两个转变"的实施是对传统观念的转变，这首先得益于集成产品开发模式在业务组织结构及业务流程上的变革，这是进行"两个转变"的重要前提。因此，企业在实施集成产品开发模式时，不要只关注新产品的开发，还要借实施集成产品开发模式之机，同时关注产品成本、损益等非技术制约因素的相容，这样才能使集成产品开发模式带来出更大的效益。

集成产品开发模式还有一个重要的作用，即为产品线扩大生产或终止生产提供经济依据。当产品规模生产、销售后，企业要在产品生命周期管理阶段的每月、每季度都统计、分析该产品的销售数量、销售单价、产品成本、毛利润、净利润、总投资回报值等数据，以判断该产品盈利能力的变化。如果产品的盈利能力很强，则该产品可继续生产、销售，甚至企业要增加投入以完善该产品的性能，并进一步降低成本，以不断提高产品的投资回报率。但如果企业根据该产品在全生命周期内的盈亏曲线图变化趋势，发现产品的盈利能力在不断减弱，甚至出现亏损且扭亏无望时，则企业中的 PDT 应向 IPMT 提出终止该产品的申请。

第六节　本章小结

按产品线进行财务独立核算是企业精细化管理的基本要求，但大多数的企业只能够做到整个企业的盈亏核算，而难以做到以产品线为单位进行盈亏核算。这样就很难知道哪一条产品线盈利，哪一条产品线亏损。本章首先深入地剖析了传统产品开发、项目管理模式成本管理的弊端。在传统产品开发、项目管理模式的组织结构的制约下，一个产品的生产、经营分设在多个业务执行部门，只能以业务执行部门为成本规划、预算、管理单位，只能将各业务执行部门作为成本中心来管理，而难以将产品线作为成本规划、预算、管理单位，难以进行产品线的独立核算。另外，传统的产品开发、项目管理模式是以财务年度作为产品盈亏的核算周期，不能全面地反映出一个产品完整生命周期的盈亏状态，不利于产品的投资回报管理。

本章详细阐述了集成产品开发模式中进行产品独立核算的方法。由于集成产品开发模式的业务组织结构是以产品线为独立单位的，产品研发、生产、经营过程中的所有业务执行环节都在产品线的管理范围内，因此，产品成本的发生环节都在同一产品线内部，而产品的经营收入也在产品线中体现，使得产品线成为利润中心。这就是集成产品开发模式的优势。

本章也详细阐述了产品全成本管理的概念、模式。产品全成本、盈亏核算理念不以财务年度为周期,而是以该产品自发生独立成本以来的生命周期为核算周期,将生命周期内发生的所有收入、成本分别进行累计,然后核算生命周期内的投资回报数值,以真实地反映出该产品线的回报情况。

企业通过引入集成产品开发模式,达到了产品成本、损益核算方式的"两个转变"。

 思考题

1. 为什么在传统的产品开发、项目管理模式中,难以按产品型号进行财务的独立核算?但为什么这个难题在IPD模式中能迎刃而解?
2. 什么是产品全成本核算?为什么要进行产品全成本核算?
3. 解释什么是"将面向各业务执行部门的成本规划、管理转变为面向产品线的成本规划、管理",这种转变会带来什么好处?
4. 什么是成本中心?什么是利润中心?

第九章
产品设计开发流程中的知识产权管理

> 许多人都认为,只要是自己的技术创新创意、自己的筹资、自己的开发人员,开发出来的新产品就一定是具有自主知识产权的,殊不知即便如此,这个新产品的知识产权也不一定属于你。原因是,如果在你的技术创新创意提出来之前,该创意就已被他人申请了专利,并已获得了专利授权的情况下,虽然是你自主开发出来的产品,但你在进行该产品的生产、销售时,仍会构成专利侵权行为。因此在PDT的概念、计划阶段,就必须要检索、了解、分析竞争对手的专利布局情况,同时制订自己的知识产权策略。

第一节 知识产权、专利是重要的非技术制约因素

一、竞争对手的专利布局会形成严重的专利壁垒

全世界（包括我国）的专利保护机制都只是保护专利申请、授权者的创新成果，而不是简单地去保护技术创新者的创新成果。换言之，如果你完全独立自主靠自己的智慧、创意设计/开发了一个极有创意的产品，没有刻意剽窃其他人的技术，并自主投资、生产，然后销售自我创新的产品，应该说这是一个典型的自我创新的过程，但最终这个技术创新的产品仍有可能没有获得自主知识产权，这个创新成果有可能得不到法律的保护，甚至还有可能构成知识产权的侵权行为。其原因就是你的设计创意有可能已被其他人提前申请了专利，并已经得到了专利授权。由此可见，专利的保护机制不是简单地保护技术创新者的创新成果，而是保护专利申请、授权者的技术创新成果。因此，在进行产品设计/开发前一定要对自身的核心创意进行专利检索，及时发现竞争对手的专利布局。

二、适合专利保护的技术创新成果的类型

1. 发明专利申请的"三性"要求

发明专利的申请要符合新颖性、创造性、实用性的"三性"要求，"三性"要求中的新颖性要特别注意，这里所说的新颖性不是早于他人知晓、提出创新成果、并提交专利申请。若原本符合新颖性要求的技术创新成果，在申请专利前已经以会议论文、学术论文的方式公开发表了，使他人在你提交专利申请之前就知晓并获得了这个技术创新成果的核心内容，那么这个技术创新成果就失去了发明专利申请所要求的新颖性，就不符合申请发明专利的条件了。因此，

任何企业对员工发表学术论文都有严格的审核制度，以防止企业商业机密、技术秘密被外泄。

2. 技术秘密

按照专利制度的规定，申请发明专利时，申请人必须公开该发明专利的具体原理及实现方法，以便让其他人能够按申请人提的专利原理及实现方法，实现该技术。正是因为有这种规定，所以申请人在申报技术创新成果之前，必须要判断哪些技术创新成果不适合申请发明专利。对于那些看起来很深奥但"一点就破"，且难以检测出他人侵权证据的技术创新成果，就不适合去申请发明专利，比如药品、饮料的配方，或核心算法等技术秘密。比较典型的案例就是美国可口可乐公司的可口可乐饮料配方，时至今日，可口可乐公司都没有对可口可乐饮料配方申请专利，而是采用技术秘密的方式进行保护。

3. 专利申请书的具体权益保护条款

一项技术创新成果不是得到了专利授权就万事大吉了，重要的是专利申请书中所表述的具体权益保护条款内容，只有权益保护条款的内容才是法律保护的对象，若具体权益保护条款内容的范围太窄，那么竞争对手对专利申请中的技术方案稍作修改即可达到不侵权的目的，并且低成本地拥有了你的技术创新成果。所以专利申请书的具体权益保护条款的内容直接关系到发明专利的质量。

三、专利应对机制

在开始进行产品的设计/开发时，我们一定要先对自己拟采用的核心技术进行专利检索，如果通过检索发现自己的核心技术已被他人申请了专利，这时就要启动专利应对机制进行专利决策，一般有以下几种专利应对策略。

1. 专利避让

通过修改原来的设计/开发解决方案，避让已被他人申请的专利，以达到设计/开发解决方案不侵权的目的。专利避让的结果自然会避开他人的专利，但不可避免地要对设计/开发解决方案进行大幅的修改，甚至可能要对核心创意进行大幅修改，修改的结果虽然是不侵权了，但自己的核心创意也面目皆非了。

2. 交纳专利使用费

若设计/开发的解决方案中确实存在他人的授权专利，为解决专利侵权的问题，我们也可以与专利权人签署专利授权使用协议，通过向专利权人交纳专利使用费的方式，来化解专利侵权的纠纷。交纳专利使用费必然会增加产品的成本，但采用修改设计/开发的解决方案的专利避让方式时，往往也会增加产品成本，因此要通过经济决策的方法来选择成本最低的方案。

3. 交叉许可

随着世界范围内技术创新竞争的白热化，专利战略已在高新技术企业中高度普及，同一类产品中同时存在多家企业的授权专利已成为常态化。比如在移动通信的 5G 基站设备中，现在就存在着 20 余万件已被申请、授权的发明专利，这些发明专利被百余家企业所拥有，而且高度分散，在这些拥有申请、授权专利的企业中，占比最高的企业所申请、授权的 5G 专利总件数，在全世界 5G 专利总数的占比也不到 10%。在这种情况下，仅采用专利避让的方法已经无济于事了，无法避开密集的"地雷阵"；单纯用交纳专利使用费的方式，所支付的专利使用费成本可能远高于产品原来的成本，已经没有任何利润回报的空间。目前工业界最普遍的做法是进行专利交叉许可，即在同一类产品中同时存在多家企业的授权专利时，设法使自身企业也成为在同一类产品中拥有授权发明专利的企业之一，而且申请的发明专利是竞争对手难以避让、绕开的发明专利，和竞争对手形成互相牵制的局面，这时就可以进行低成本的交叉许可。

四、用自身专利布局对竞争对手形成"反制"

经过近百年的时代变迁，世界范围内的专利环境已从无视、盗版、侵权的阶段逐步发展到自我进行专利保护的阶段，从而达到通过申请专利保护自己的权益不会受到侵权的目的；然后进入形成专利竞争壁垒的阶段，这时申请专利的目的不再只是保护自己的技术创新成果不被侵权，而是保护自己产品的市场竞争地位不会被动摇，专利已经成为竞争的壁垒；目前发展到专利成为盈利工具的阶段，在该阶段，专利自身也变成了产品，市场上出现了许多专门经营、收取专利使用费的公司。在专利成为盈利工具的阶段，申请专利的企业，都希望自己申请的专利能被其他的企业所使用，只有当自己的专利被其他企业大量使用时，才可达到两个目的：一是可进行广泛的专利交叉许可，具有谈判的筹码，从而降低甚至免除使用他人专利的专利使用费；二是获取丰厚的专利使用费、转让费。

如何能够迫使其他企业都使用本企业的专利，让本企业的专利成为当今最高的专利战略水准，所采取的方法就是提出世界技术标准、国家技术标准并申请专利，一旦其提出的技术标准获得了专利授权，该专利就成为了标准必要专利，企业只要拥有了标准必要专利，无论哪个企业只要按该专利标准来生产、销售产品，就必然会侵犯该标准的必要专利权。现在用标准必要专利来进行企业专利布局，对竞争对手形成"反制"，已经成为企业知识产权高端战略的重要组成部分。

第二节　在设计/开发全流程中嵌入知识产权创造的全流程

一、集成产品开发模式中的知识产权创造流程

技术创新战略与知识产品战略是不可分离的组合战略,在集成产品开发模式中,产品设计/开发的全流程中可嵌入知识产权创造的全流程。图9-1是知识产权创造的全业务流程。

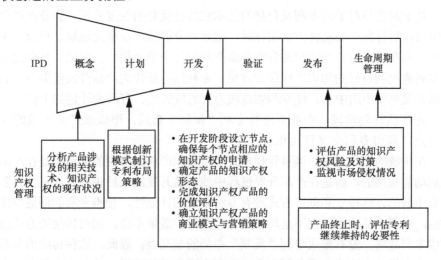

图 9-1　知识产权创造的全业务流程

二、产品概念阶段应进行知识产权环境分析

从集成产品开发模式中的产品概念阶段开始,企业就要对新产品领域竞争对手的知识产权布局状况进行全面的了解,并进行专利信息的检索,判断竞争对手的哪些专利是基础性、不可绕开的专利,哪些是标准必要专利,哪些是外围的专利,哪些是应用型的专利;同时,也要对自身的独特技术进行分析,判断自身的技术优势何在,自身能否形成基础性专利,能否形成标准必要专利,自身应采取何种知识产权的策略来面对竞争对手的专利布局。一般来说,企业

在布局产品的知识产权策略时，首先应创造自身的专利，只有自身拥有了专利群，才能有实施多种知识产权策略的可能性。在进行知识产权创造时，标准战略也要同步实施，以此来提高自身专利的价值，获得专利交叉许可的机会。因此，企业在产品的概念阶段必须要进行大量的专利分析工作。

在产品的概念阶段，企业通过专利检索，一旦发现产品定义中的核心技术已被他人申请了专利，就要进行专利战略研究，以决定是避让、绕开，还是交纳专利使用费，或实施交叉许可策略，所采用的专利策略会直接影响产品的成本和设计/开发解决方案。

三、产品计划阶段应进行知识产权布局

基于对竞争对手的专利及自身的技术独特性优势的深度分析，企业在产品计划阶段在进行新产品总体方案设计时，就要对分解的产品单元模块、单板、平台进行专利布局，将专利均匀地分布在新产品的每个单元模块、单板、平台之中，使专利能起到最好的知识产权保护效果。专利创造要作为产品开发任务下达到各产品开发单元小组中去，使专利创造成为有的放矢的、有周密计划的工作。

在产品计划阶段，企业要进行专利"反制"布局，形成该产品领域的专利制高点，赢得专利交叉许可机会。

在传统的产品开发、项目管理模式中，知识产权、专利的创造不是在产品开发启动前布局的，而是在产品开发过程中或产品开发结束后由开发人员凭自我意愿来申请的。这种专利创造方式没有专利创造的计划性，使得专利的创造结果不可控，对新产品的保护也不是均匀覆盖的，保护效果不佳。同时传统的方式没有形成专利战略，没有形成专利"反制"布局的制高点。除此，这种传统的专利创造方式也常常会造成产品公开在前，专利申请在后的结果，从而失去了专利申请所必须的"新颖性"，导致专利申请无效和错失专利申请的有效窗口。

四、产品开发阶段应同步进行知识产权的创造

发明专利可分为技术概念专利和技术实现专利两大类。技术概念专利在产品计划阶段时，就可明确所要申请专利的主要特征，就可以开始进行技术概念专利的起草工作。技术实现专利要在产品的开发阶段内完成，因此在产品开发阶段，在产品详细设计、实现的同时，要进行专利的创造工作，无论是发明专利、实用新型专利，还是外观专利的创造，都要与产品的开发过程同步。在产品开发的项目计划中要将与该产品有关的、要申请的所有专利都纳入产品开发

的项目计划之中,将专利创造工作同时纳入产品开发的管理工作中来,将专利创造作为产品开发的一个组成部分进行管理。

在产品测试、验证阶段,企业就应向专利局提交专利的申请,以保证在产品正式发布之前,所申请的专利能通过专利局的初审,并得到相应的专利号。企业在产品正式发布后申请专利,将会因失去"新颖性"而错失专利申请的窗口。

五、产品发布阶段的知识产权工作

在产品发布阶段的前期,企业的专利创造工作应基本完成,此时知识产权的工作重点将转到专利的保护、应用上。在这个阶段,企业要着重了解自身的专利是否被侵权,要进行知识产权状态的风险评估,确认知识产权保护作用的发挥状况。

六、产品生命周期管理阶段的知识产权工作

产品生命周期管理过程是产品生产、经营的正常状态期,在这期间,知识产权管理有三大类工作。一是知识产权的保护、应用工作。知识产权的保护工作相对容易理解,主要是通过法律武器维护自身的专利不受到非法使用。而知识产权的应用对大多数的高新技术企业而言就陌生一些,知识产权应用的主要目的是追求知识产权的直接、间接利益。知识产权是一种无形资产,高新技术企业要像经营产品一样来经营知识产权,使知识产权能够形成商业模式,能够形成长期的回报机制;二是利用自身已有的知识产权、专利与其他的专利所有权者进行专利的交叉许可。在一种技术体制的标准中,难免会有其他的企业同时申请了不同的专利,企业在进行产品经营、销售时,不应侵犯其他企业的知识产权。如果确认了在产品的技术体制标准中除本企业外还有其他企业的专利时,就要通过交叉许可的方式,相互授权对方有偿使用,或免费交叉许可使用,以解决产品经营中的知识产权纠纷问题;三是在产品生命周期内,根据客户新的需求及竞争需要,要对产品进行增强型开发。在进行增强型开发时要同步考虑相应的专利创造工作,使得专利的布局随着技术、产品的完善而随之增强。在产品生命周期管理阶段中,该产品终止、退出时,需要进行已有专利布局的评估,要决定哪些专利不会再使用或所有权转让,哪些专利要继续维护。因为专利的维护是每年都要按件交纳专利维持费的,而且专利维持费是随维持时间的延长而呈非线性增加的,所以没有保护价值的专利没必要继续维持,只需维持那些有回报、有保护价值的专利。

第三节 集成产品开发模式中的知识产权管理

由于在产品开发时,技术创新与知识产权的创造是不可分离的有机体,因此集成产品开发模式在产品开发流程内有机地嵌入知识产权管理的全套流程是顺理成章的事情。企业在实施集成产品开发模式时,一定要将知识产权的创造、保护、应用、管理的全过程融入产品开发各阶段的流程中去,只有这样,才能发挥出集成产品开发模式的更大功效。企业不要仅为了产品开发而实施集成产品开发模式,而要将集成产品开发模式变为企业的一个全面、综合的管理平台,并在这个管理平台上嵌入更多的管理要素,以发挥出集成产品开发模式的综合管理作用。

第四节 本章小结

本章详细阐述了集成产品开发模式中知识产权的管理方法。技术创新与知识产权创造是密不可分的有机体,在集成产品开发模式中嵌入知识产权的管理流程是顺理成章的事情,依托集成产品开发模式的平台可以十分方便地把两者的流程融为一体。本章按集成产品开发模式的产品概念阶段、产品计划阶段、产品开发阶段、产品发布阶段及产品生命周期管理阶段,把知识产权管理的全流程也分段地融入集成产品开发模式的管理流程之中。这样便可充分发挥出集成产品开发模式的更大功效。在实施集成产品开发模式时,企业不要仅为了产品开发而实施集成产品开发模式,而要将集成产品开发模式变为企业的一个全面、综合的管理平台,并在这个管理平台上嵌入更多的管理要素,以发挥出集成产品开发模式的综合管理作用。

 思考题

1. 为什么在 PDT 的概念阶段必须要检索竞争对手的专利布局?
2. 如果你的技术创新创意已被竞争对手申请了专利,该如何应对?

3. 为什么专利的创造要与产品开发同步？
4. 什么是专利的交叉许可？如何利用交叉许可？
5. 怎么才能使知识产权管理与 IPD 管理成为一体化的管理模式？

第五篇
PDT产品开发流程

- 第十章　PDT技术重复使用（技术重用）及异步开发
- 第十一章　PDT产品开发的概念与计划流程
- 第十二章　PDT全流程的产品设计、实现流程
- 第十三章　PDT的产品测试与验证
- 第十四章　PDT产品发布与生命周期管理流程

第十章
PDT技术重复使用（技术重用）及异步开发

在传统的产品开发、项目管理模式中，企业把产品技术的标新立异作为新产品的卖点，但IPD却十分强调技术的重复使用，技术重用就是在继承的基础上再创新。技术重用的基础形态是公共基础模块的重用，技术重用的发展形态是公共平台的重用。要想最大程度地提高产品的技术重用度，企业在开发新产品时就要对新产品进行模块化、平台化设计，在对已有模块、平台重用的基础上再开发新产品，当现有的模块、平台都不能满足要求时，才开发部分新的模块、平台，这是一种极为高效的新产品开发思路。

技术重用就是技术的重复使用,这是集成产品开发模式中一种非常独特的产品开发方法。在技术重用管理中,产品开发的目的不仅是要开发出新产品,而且要在开发新产品的同时,要有意强调模块化设计、平台化设计,要将这些模块、平台设计成为标准件,以使其尽可能地能被以后再开发的新产品重复使用。一旦已有技术能被重复使用,就可大幅地降低新产品的开发投入,可有效地缩短新产品的开发周期。在产品计划阶段,有一项重要的工作就是评估原有的技术模块、平台被重用的比例,并有意在新进行的产品开发计划中,形成更多的技术模块及产品平台,以进一步地扩充技术重用的资源库。

第一节 技术重用的必要性

一、技术开发不是目的而是手段

高新技术企业以技术创新作为企业发展的源动力,这是高新技术企业与传统企业的最根本的差别。企业需要技术创新是毋庸置疑的,技术发明创造只是企业为了获取独特性产品的一种手段,企业最终的目的是追求高新技术产品的高额价值回报。如果将技术发明创造作为企业追求的目标,企业就会出现为了技术发明创造而进行技术创新的结果,就会一味地追求技术的标新立异,一切都以不同于过去、超越过去为目标,就会不断地在技术上自我刷新,不断地去填补技术空白,而不管技术发明创造的代价、可用性及最终客户的感受。这样的技术发明创造的产物是没有市场的,是没有商业回报价值的。目前,仍然有许多企业以技术发明创造为目的,单纯地追求技术超越、填补技术空白,单纯地追求专利的申请数量,单纯地追求技术的学术水平,以此来获得各级政府科研项目资金的支持。但这种技术发明创造模式的最终结果往往是以创造出一批高新技术的"样品""展品"而告终,其产物并不能得到市场的认可。

二、技术重用的必要性

技术创新一定是以市场回报为根本目的的，企业应以满足市场需求、引导市场需求来进行技术创新。企业在开发高新技术产品时，所采用的单元技术要有继承性，即在现有技术能达到设计要求时，应重复使用现有的技术，只有当企业已有的单元技术达不到设计要求时，才进行新的技术创新。

任何新设计的产品，在商用前都要做大量的测试验证，因为全新设计的产品在实现技术创新的同时，也会带来大量的隐性技术故障，这些技术故障的大多数是设计疏忽导致的。比如在移动通信领域，在一个全新设计的下一代移动通信基站产品开发完成后进行场外测试时，我们发现并排除掉大量的技术故障是非常常见的事情。一个全新的高新技术产品只有通过漫长的场内、场外测试，才能排除掉大量的由新设计带来的隐性技术故障。所以，经过大规模商用被验证合格的新产品是非常来之不易的。采用集成产品开发模式的高新技术企业，都要求将经过大规模商用、验证过的产品，分解成若干合格的模块、部件、平台，以此来构成公共构建模块（Common Building Block，CBB）技术库，待以后再开发同类产品时，优先在这些经过商业化验证合格的 CBB 技术库中，选择合适的、成熟的技术单元用于新产品的开发。企业要注重提高一个新产品中采用经过商业化验证的模块、部件、平台的重用度比例。这样，重用度高的新产品的隐性的技术故障就会少得多，产品的稳定性、竞争性就会相应提高，产品开发成本和研发周期也会相应地降低和缩短。在新产品的开发中，企业要尽量避免随意的技术更新，没有任何继承性的随意技术更新的结果是：一轮轮地更新技术，一遍遍地排除技术故障。这种技术创新模式，是开发不出优秀产品的。只有当原有的 CBB 技术库中的模块、部件、平台不能满足设计要求时，才开发全新的模块、部件、平台。

除技术模块、组件是可重用的技术外，产品平台也是可重用的技术。所谓产品平台就是可被多种产品公用的部分。

第二节　CBB 库的构建

一、公共构建模块（CBB）

CBB 是可以实现某种技术功能的模块、组件。无论是纯软件产品，还是纯硬件产品,或是软硬件合一的复杂产品,它们都是由许多软、硬件技术模块构成的。每种软、硬技术模块都可以其所完成的独立功能来划分、界定,可在不同产品间重复应用的技术模块就是 CBB。CBB 是构建产品平台的重要组成部分,就像是积木中的每一块积木一样,积木块是积木造型中的重要组成部分,而各种积木造型是积木块不同组合的产物。CBB 可分为专用 CBB 和公用 CBB。

二、公用 CBB 的含义

公用 CBB 组件是同一企业内各种不同类型的产品平台都可能要用到的技术模块、组件,如通信网络产品中的电源模块,各种类型的接口模块、机框等。无论什么样的通信网络产品,都需要稳定的低压直流电源才能正常工作,而电源模块能将 48V 直流电源转换成为 5V、3V 等稳定的低压直流电源,而这正是各产品、各电路板正常工作所必须的电源,所以电源模块就是一种可公用的 CBB;在通信系统产品中,各种类型的接口电路对各种产品而言也都是可能会用到的,所以接口电路模块在通信系统产品中也是一种公用的 CBB。类似这样,在同一高新技术企业内,不同产品平台都会用到的公用 CBB 组件会很多。

可以想象,在同一企业内,对于各个产品平台都要用到的 CBB 组件,若企业不做统一的规定,而是任凭各个产品线都去自我开发,将会造成很大的资金浪费。各自为政的各条产品线对同一 CBB 组件的设计有好也有坏,导致的结果是好的方案得不到全面推广,差的方案仍在某些产品中继续使用,致使出厂的产品的性能得不到应有的提升。除此,还可能出现在同一产品线上原已被开发过的公用 CBB 会被一遍又一遍地重复开发。这样不仅耗费了大量的产品开发资金,新产品的开发周期也会被无谓地延长,不仅产品质量无法持续提升,还会带来极大的质量事故风险。

因此,企业一定要对公用 CBB 组件的规划、开发进行统一的规定,将通过市场大规模应用检验后的公用 CBB 组件整理出完整的技术文档,并将其纳入企业 CBB 技术库进行统一的管理,以有利于今后的重复使用。

由于公用 CBB 组件可被多个 PDT 的产品线所公用,因此 PDT 在对公用 CBB 组件的设计方案进行评审时,应组织多个技术专家共同进行评审,以便听取更多产品线的意见,以保证公用 CBB 组件的可靠性、稳定性、先进性、低成本性。

原来没有建立公用组件技术库的企业,应在原来大规模生产、销售的产品中,统一确定出今后能重用的公用 CBB 组件;在定义出公用 CBB 的功能、接口、指标后,完善其技术文件,重新补建公用 CBB 组件技术库,以供以后新产品开发时选用。

三、专用 CBB 组件

专用 CBB 组件是指只能在同一 PDT 内的系列产品中公用的 CBB 组件。由于该类 CBB 组件是针对某 PDT 产品线的技术而定的,被其他 PDT 产品线采用的概率较低,因此被称为专用 CBB 组件。

在一个 PDT 内有多个功能接近的系列产品时,如果不建立专用 CBB 组件技术库,就会出现在功能接近的系列产品的开发中,有一些功能相同的专用技术模块、组件会被不同系列的产品进行重复性的开发,这样必会导致同样功能的模块、组件被开发出多种版本,造成开发资金大量浪费。由于各系列产品都是独立开发的,各系列产品开发小组开发出的模块、组件的性能一定是有好有坏的,结果将会导致各系列产品的性能好坏不一,致使企业系列产品的质量参差不齐。以上这些情况的发生,将会频繁导致企业产品开发周期的延长,开发资金突破预算,产品稳定性下降,产品质量得不到保证。

因此,企业除了要建立公用 CBB 组件技术库外,还应建立专用 CBB 组件技术库,要统一规范专用 CBB 组件的定义,使其功能、指标、接口标准化,以便于以后进行新产品设计时的重复选用。

原来没有按专用 CBB 组件进行产品开发的企业,应从原来已经大规模生产、使用的产品中,分离出一部分专用的技术模块、组件,并将其指定为专用 CBB 组件,完善其功能、指标、接口的规范,将其纳入新建立的专用 CBB 技术库中,供以后 PDT 开发时选用。

四、建立 CBB 入库、使用的管理体系

无论是公用 CBB 组件,还是专用 CBB 组件,都应被纳入企业的 CBB 组件库进行统一的管理。

1. CBB 入库管理办法

企业应统一建立企业内的公用 CBB 组件和专用 CBB 组件技术库管理体系,以及统一的 CBB 组件入库管理办法。CBB 入库管理办法中应包括 CBB 入库评审规定、CBB 入库技术文档的制订规范、CBB 技术验证规范及 CBB 的使用规范等。CBB 的入库管理办法一定要十分严格、谨慎,由于某 CBB 组件一旦入库后,将会成为企业内的标准件而被后续的研发产品直接调用,入库的 CBB 组件一旦存在着技术、质量隐患,并被后续产品重复采用时,将会造成严重的质量事故。入库的 CBB 组件一定是经过大规模生产和使用过的技术,是

市场反映良好的技术，是经过严格评审后的技术。

2. CBB 库的使用方法

企业一旦建立了 CBB 技术库以后，就要修改原来的研发管理办法，并规定在 PDT 进行新产品详细设计时，应以 CBB 组件为基础单元进行组合设计。组合设计的好处是有利于研发人员选择已有的 CBB 组件，也有利于新设计的模块、组件能申请成为新的 CBB 组件，从而不断完善、充实 CBB 库。

研发人员在进行产品开发时，应首先在已有的 CBB 组件库中寻找符合设计要求的 CBB 组件，如果在设计方案中不采用已有的 CBB 组件，必须要有理由充足的陈述报告。该报告经企业指定的评审机构评审通过后，研发人员才能重新设计一个新的 CBB 组件，否则就违反了 CBB 使用管理办法，要对当事人进行相应的处罚。为避免发生违反管理办法的情况，一定要在 PDT 内建立严格的产品开发管理评审流程，用"法制"来取代"人治"。

3. 建立 CBB 库的信息安全体系

要建立 CBB 库的信息安全保障体系。CBB 库可以说是一个企业的技术结晶，是企业的宝贵技术财富，因此 CBB 库的技术泄密将会导致企业的重大损失。为防止泄密，CBB 库的管理办法包括入库访问查询的分层管理、访问资格的审查、访问权限的认定、非法入侵的防范、访问者的记录、出库的记录等一整套信息安全体系。

第三节 产品平台的构建

一、产品平台的概念

在传统产品开发、项目管理模式中，产品开发的对象就是某型号的产品本身。企业花费大量的资金全力投入某个新型号的产品开发中，经过很长的开发周期才开发出该新产品，而所有投入的开发资金都要靠新产品的销售收入来收回。如果市场发生了变化使该新产品的销售受阻，或客户的需求发生了改变，企业就会被迫重新立项，再开发另一个新型号的产品。因此，针对某型号的产品进行开发，风险较高，开发效率较低，开发成果的利用率也较低。

为解决传统产品开发、项目管理模式中因开发单一型号产品而产生的风险高、效率低、利用率低的问题，在集成产品开发模式中除了采用 CBB 组件库，还引入了平台开发的概念。在开发产品时,企业首先要开发平台。平台开发有两层含义:一是将新产品的开发分解成几级中间件的平台的开发,开发成果能被其他型号的产品开发利用;二是利用原来已有的中间件平台来开发现在的新产品型号。下面介绍几种不同层级的产品平台。

二、不同层级的产品平台

1. 板级平台

现以较为复杂的通信产品为例来说明产品平台的概念。

大多数通信产品中都有控制系统。这个控制系统一般被称为主控板,由一块主控电路板来承担。每种通信产品中都有主控板,只是在不同种类的产品中主控板执行的控制程序不相同。而主控板的硬件结构组成、功能、性能是相似的,因此可以将主控板设计成一个可被不同型号的产品公用的中间件平台。开发新型号的产品时,我们不用重新设计一个全新的主控板,只需设计一个符合新产品要求的主控应用程序即可。这样可以节省大量的开发资源,大幅提高产品的开发效率。

板级平台包括板级的通用硬件平台及软件平台,设计难度是大于某单一产品的硬件平台、软件平台的,因为板级平台除了要满足本产品的需求外,还要考虑其应有的通用性,即要有较宽的适用范围。

板级中间件平台的种类不只有主控板一种,要尽可能将所有的电路板都设计成板级中间件平台。

2. 子系统级平台

子系统级平台比板级平台更高一级,其中不仅包括了若干种板级平台,还包括了板级平台之间的连接。如通信产品有网管控制系统,包括网管后台系统、主控板、背板总线及对各单板的控制、驱动接口模块等,以及它们之间的连接。如果能够将网管控制系统开发成通用的子系统级平台,就能极大地减少新产品开发的工作量。这样一来,在子系统级平台的基础上开发一个新型号的通信产品时,不用再重新开发网管控制全系统,只开发符合新产品要求的网管控制应用软件即可。

3. 产品级平台

产品级平台本身就是某一产品线的平台,在该平台上根据客户不同的应用需求可形成系列化的多种产品型号。这些系列化的产品共用同一个产品级的平台,可用增、减一部分应用层面的功能、性能的方式来构成一个新型号的产品。用产品级平台实现的新产品,开发工作量较小,但这对产品级平台的要求相对较高。

4. 系统级平台

系统级平台是更高层面的平台，它不仅能满足同一产品线上不同型号产品二次开发的要求，还能满足不同的产品线之间的平台共用。如现在在移动通信基站产品中，就已经开始用同一系统级硬件平台通过软件无线电的方式来实现多种不同技术制式（不同产品线）的产品。在终端产品中，移动通信手机产品的系统硬件平台通过软件无线电可使一部手机成为多模（多技术制式）产品。换言之，同一系统级终端平台可以实现多种不同技术制式的手机产品。

三、产品树与产品平台、CBB 组件的关系

传统产品开发、项目管理模式下，同一高新技术企业中各种不同产品的开发是完全独立的。各产品从单元电路、模块、组件到子系统总体方案、全系统总体方案都是独立进行的，完全不考虑开发过程中每一个层面的公用问题，几乎没有平台的概念。这种模式的资源统筹性差，技术模块的公用性、继承性低，必然导致产品开发周期长、投资大、出问题概率高。

集成产品开发模式采用技术重用的设计理念后，发生了很大的改变。技术重用的核心思想是：首先从组件、模块的部件设计开始，就考虑中间件标准化的问题，将单元的技术组件、模块设计成便于今后重新使用的 CBB 组件。这里 CBB 是最基础的技术重用，由众多的 CBB 组件构成的板级平台是高一层面的技术重用。然后将 CBB 组件与板级平台组合形成子系统级平台。子系统级平台的设计，一是要更多地使用已有的 CBB 组件及板级平台，减少子系统级平台的开发时间和开发投入，保证子系统级平台的质量；二是要考虑子系统级平台能被更多的产品平台所共用。也就是说，CBB 组件的技术重用理念从技术模块扩大到子系统级平台上，这使得子系统级平台成为了更高一层面的技术重用。如果在相应的子系统级平台上再配备一些必要的专用 CBB 组件及公用 CBB 组件，就可构成若干产品平台。

产品平台的设计，一是要使用合适的子系统级平台和 CBB 组件，使得产品平台能更大比例地使用已有的技术；二是产品平台能被更多的系列产品所使用，使得产品平台能成为再高一层面的技术重用。在产品平台上若依据客户的各种不同的特殊需求进行量身定制，最终可形成系列化的产品。

系统级平台是最高层面的平台，一个系统级平台可以兼容多个产品平台，原来要靠不同产品平台才能延伸出来的各种产品线，现在可以在同一系统级平台上实现。

由 CBB 技术组件、板级平台、子系统级平台、产品级平台、系统级平台、

系列产品可构成一个完整的产品树。产品树是由一层一层的技术重用构成的。产品树与 CBB 组件及平台间的关系如图 10-1 所示,该图既是产品树的构成图,也是集成产品技术重用的解释图,它充分诠释了集成产品开发模式的设计理念,即采用层层平台化的设计方法,在进行新产品开发时,不去追求每个 CBB 组件及平台的不断技术更新,而是追求最大限度地利用已有的技术组件、平台,按客户最终的需求快速实现产品的整体技术创新,而不是简单追求从每个组件、平台开始的全面技术创新。

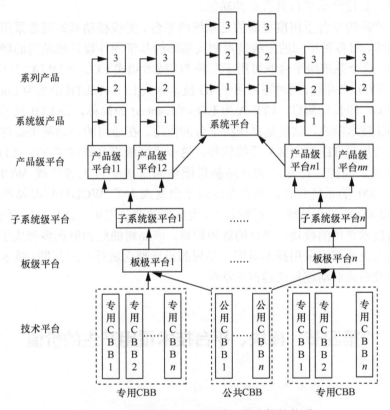

图 10-1　产品树与 CBB 组件及平台间的关系

下面举一个案例来说明产品树在无线移动基站系列产品中的应用。

无论是 2G 还是 3G、4G、5G 技术制式的无线移动基站产品,它们的基础结构都是相似的,都需要有基带板、调制解调板、主控板、射频板,都需要硬件与软件的配合,都需要有位置更新、切换、漫游功能,都需要对使用者的身份、付费状态进行认证等。因此,在设计无线移动基站产品时,PDT 应将软硬件划分成多个功能明确的组件、模块,形成专用技术、共用技术的 CBB 库,并由若干 CBB 组件组合成一些常用的平台，如各种板级平台、子系统级平台、产品级平台、系统级平台。同一技术制式的产品平台可按不同的使用场合，再构成系列产品，如宏基站产品、微小区基站产品、分布式基站产品。每一种基站产品平台，根据用户的特殊定制需求，可衍生出全向覆盖基站、多扇区覆盖基站、多载波多扇区覆盖基站等基站类型。无论客户提出什么样的覆盖要求，只需在产品平台上做系列化产品延伸。就能快速实现客户所需的各种产品，而不用将产品的原设计方案推倒重来。这就要求 PDT 在进行技术重用产品树的设计时，要使产品平台具有延伸功能。

比产品级平台重用度更高的是系统级平台。无线移动基站通常采用软件无线电技术，将各种不同的无线技术制式基站的基带硬件设计成通用的硬件系统级平台。这个系统级平台既可用于三种 3G 技术制式（TD-SCDMA、WCDMA、CDMA2000）产品线，同时还可用于 4G 技术制式 LTE-A（LTE 全称为 Long Term Evolution，即长期演进，LTE-A 为 LTE-Advanced 的简称，是 LTE 技术的演进版）、5G 技术制式。这就是系统级平台的作用。在通用的基站基带硬件系统级平台上若加载 TD-SCDMA 系统软件，这个系统级平台就成了 TD-SCDMA 基站产品线。同样，在通用的基站基带硬件系统级平台上若加载 WCDMA、CDMA2000 的系统软件，那么系统级平台就成为了 WCDMA 基站产品线或 CDMA2000 基站产品线。这种技术高度重用的产品在第一次设计时要求很高，且随着技术重用的模块、平台的逐步积累，产品树的结构就逐步形成了。任何高新技术企业都应采用技术重用产品树的设计理念进行产品开发，技术重用的产品开发模式启动越早就越占主动权。

第四节 模块、平台技术重用产生的价值

一、模块、平台技术重用可提高产品的可靠性

技术重用包括公共模块、专用模块、板级平台、子系统级平台、产品级平台、系统级平台等方面的重复使用，这些模块、平台一旦被纳入企业技术重用库，其前提条件一定是经过了反复测试、验证，经过了大规模商用的考验，其技术性能、功能、技术指标、非技术制约因素等都是符合要求的，其隐性的小概率技术缺陷已得到充分暴露、排除。因此，在能够达到设计要求的前提下，

应尽可能重复使用已有的模块及平台,以此来提高产品的可靠性,降低产品的小概率、隐性、恶性技术缺陷暴露所产生的风险。

二、模块、平台技术重用可缩短产品的开发周期

在进行产品设计时,通常要进行分解设计,即把一个完整的产品分成若干个子系统级平台、板级平台及模块,产品越复杂分解的子系统级平台、板级平台及模块数量就越多。如果分解的所有子系统级平台、板级平台及模块都要重新进行开发,产品的开发周期就很长。由于市场需求随时都可能发生变化,因此产品的开发周期越长,产品的市场风险就越大。

在能够达到设计要求的前提下,若能够将需要设计的部分模块及平台用已有的模块及平台来取代,产品的设计工作量就会大幅减少,产品的开发周期自然就会大幅缩短,因此,模块、平台的技术重用是缩短产品开发周期的有效手段。

三、模块、平台技术重用可降低产品的开发成本

在进行产品设计时,一个完整的产品分成若干个子系统级平台、板级平台及模块,每一个子系统级平台、板级平台及模块的开发过程都要占用、消耗研发资源,产品越复杂,分解的子系统级平台、板级平台及模块数量就越多,开发过程中占用、消耗的研发资源就越多,产品的开发成本就越高。

在能够达到设计要求的前提下,PDT 若能够将需要设计的部分模块及平台用已有的模块及平台来取代,产品的设计工作量就会大幅减少,产品开发过程中占用、消耗的研发资源就会大幅减少,产品的开发成本自然就会大幅降低。因此,模块、平台的技术重用是降低产品开发成本的有效手段。

四、模块、平台技术重用可提高产品开发的成功率

产品开发的成功意味着产品技术指标、经济指标达到设计要求,产品能够满足用户的需求,且产品适应在各种恶劣环境下稳定、可靠的工作,及产品具有可生产性、可安装性、可维护性等。产品在开发结束后,通过各种测试、验证不能达到以上的全部要求,该产品就被称为开发失败的产品。产品越复杂,包含的子系统平台、板级平台及模块就越多,产品开发失败的概率就越大。

在产品的设计/开发中,在能够达到设计要求的前提下,若要设计的部分模块及平台能够用已有的模块及平台来取代,这些已有模块及平台的技术指标、经济

指标、稳定性、可靠性、可生产性、可安装性、可维护性等要求都经过了市场的千锤百炼，产品可能发生问题的部分就会大幅减少，产品开发的成功率自然就会大幅提升。因此，模块、平台的技术重用是提高产品开发成功率的有效手段。

第五节　技术重用度

技术重用度是指在一个完整的新产品开发、设计中，选用已有 CBB 组件、板级平台、子系统级平台、产品级平台、系统级平台的比重大小。若已有技术的比重大，那么该新产品的技术重用度就高。若已有技术的比重低，则该新产品的技术重用度就低。在同样达到产品设计要求的前提下，产品的技术重用度指标越高，产品开发时间越短、开发投资越节省、产品稳定性越高。因此，在集成产品开发中要追求技术重用度高的产品开发模式。

图 10-2 所示是产品技术重用度的示意。其中，图 10-2（a）是技术重用度较低的产品，该产品的设计中只有 30%的部分是选用原来已有的技术，其他 70%的部分是为客户个性化需求而设计的；图 10-2（b）是技术重用度较高的产品，该产品的设计中有 75%的部分是 CBB 组件和平台技术，只有 25%的部分是为客户的个性化需求量身定制的。提高技术重用度，不是忽略客户的需求，而是在产品开发之前就收集了大量的客户需求，了解了技术的发展趋势，掌握了产品及产业的发展趋势，所以才能使技术重用平台具有前瞻性、柔性和可延伸性，满足客户的大量需求，将客户个性化的设计比例降低。

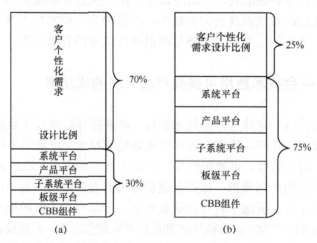

图 10-2　产品技术重用度的示意

追求技术重用度是集成产品开发模式的发展趋势，企业管理者应高度重视，并在企业内进行技术重用的全面规划，建立技术重用的管理体系，制订技术重用度的考核指标。

第六节　异步开发模式

异步开发模式是基于 CBB 组件及共用平台的产品开发方式而建立的。异步开发模式的说明如图 10-3 所示。

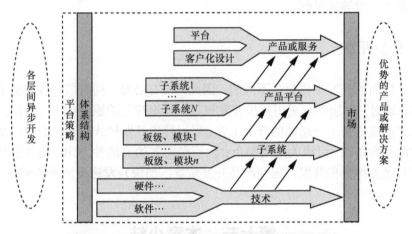

图 10-3　基于 CBB 组件及共用平台的异步开发模式

集成产品开发模式中的异步开发模式包括 2 个层面的含义，一是并行开发，二是异步开发。

一、并行开发

采用了技术重用的平台结构后，一个新产品的开发模式不再像传统产品开发、项目管理模式那样进行串行开发。在传统产品开发、项目管理模式中，研发人员通过总体设计产品，把研发工作分解到每个研发小组，而每个小组的研发工作都是一环紧扣一环的，如单板电路未设计完成就无法排整块电路板的 PCB（Printed Circuit Board，印制电路板）版图，没有 PCB 就无法调试单板的硬件，没有单板的硬件就无法调试单板的软件，缺少任何一块单板的软硬件都无法调试子系统，而没有子系统就无法集成调试产品，这就是串行的产品开发模式。在串行的产品开发模式下经常会出现等待的情况，若一个研发环节没有按时交付分配的工作，后续的研发环节就只能等待，该研发环节交付工作后，在联调过程中常常会发现其交付的工作不能达到预期的要求，此时必须要返工，全线又处于等待状态。这在传统的产品开发模式下是十分常见的，所以说传统的产品开发模式的工作效率非常低。

集成产品开发模式中的并行开发模式是基于 CBB 组件及各级平台的，产品的开发是基于原有产品平台的，产品平台的开发是基于原有子系统的，子系统的开发是基于原有 CBB 组件的，因此，集成产品开发模式可以产品、系统级平台、产品级平台、子系统级平台、板级平台并行开发，这样能够大大缩短新产品的开发等待时间。

二、异步开发

各层面的开发工作量是不同的，因此，没有必要、同时启动各层面的开发工作。这时，各层面可采用异步开发模式。异步开发的原则是下一级层面的开发工作不能拖延上一层面的开发工作。采用异步开发模式有利于企业内部合理地调配开发资源，可极大地增加企业内资源配置的灵活性。CBB 组件和技术重用平台是支撑异步开发，提高产品开发质量，加快开发进度的重要前提。

第七节　本章小结

本章阐述了集成产品开发模式中的技术重用及异步开发模式的相关内容。

技术重用是集成产品开发模式与传统产品开发、项目管理模式在产品开发理念上的重大区别。传统产品开发、项目管理模式以技术的高水准创新作为新产品开发的目的，一味追求技术上的标新立异，一切都以不同于过去为目标，不断地在技术上刷新自我，填补技术空白。但因为任何新产品都不可避免会存在许多隐性的技术缺陷、技术故障，所以传统产品开发、项目管理模式的结果是一轮轮地技术更新、一茬茬地排除技术故障，这种模式没有考虑技术更新的代价，没有考虑最终客户的感受。集成产品开发模式的理念是新产品的投资回报率、客户需求的满足率，强调已经通过大规模市场应用验证过的技术的重用度，其将市场验证过的产品分解成模块、部件、平台，以此来构建企业的公用

第十章 PDT技术重复使用（技术重用）及异步开发

组件、平台技术库，待以后再开发同类产品时，优先在这些验证合格的模块、部件、平台技术库中选择合适的模块、部件、平台用于新产品的开发。

CBB是技术重用的基础，本章详细介绍了专用CBB、公用CBB库的组建方法、入库的管理方法、CBB库的使用方法及CBB库的信息安全体系。

为提高技术重用的比例，集成产品开发模式在CBB组件的基础上，分层构建了板级平台、子系统级平台、产品级平台及系统级平台，每级平台技术重用的比例越来越大。

构建了CBB库及多级平台后，新产品的开发模式发生了巨大的变化，一个新的产品在进行开发立项时，不再只是面向产品型号去开发，而是面向平台去开发。进行平台开发的好处，一是可选择已有的、合适的平台去开发产品，缩短产品开发的时间；二是可不断地完善平台，进一步提升平台对系列产品及多个产品线的适应能力。面向技术重用的产品开发模型是产品树的开发模型，产品树由CBB和各级平台组成。通过产品树的开发模式可极大地提高新产品的开发效率、缩短新产品的开发周期、降低新产品的开发成本。

提高技术重用比例的标准是技术重用度，企业应追求技术重用度高的新产品开发、设计方案。本章详细介绍了技术重用度高的产品是如何满足客户个性化需求的。

最后，本章阐述了集成产品开发模式中的异步开发模式及用异步开发模式来进行产品的并行开发和开发资源的合理利用。异步开发模式是集成产品开发模式中一种独特的、高效率的资源利用模式。

 思考题

1. 为什么要强调对技术的重复使用？
2. 公用CBB与专用CBB的差别？
3. 为什么在产品开发中要进行模块化、平台化设计？
4. 什么叫产品树？为什么不要面向具体产品型号进行产品开发？
5. 技术重用度高时，客户个性化需求的设计比例就会降低，这是否意味着提高技术重用度是以牺牲客户利益为代价的行为？
6. PDT是并行开发？还是异步开发？

第十一章
PDT 产品开发的概念与计划流程

> 产品概念阶段和产品计划阶段是 PDT 进行产品开发的两个初始阶段，在传统的产品开发、项目管理模式中，这两个阶段的工作被严重忽视，并被产品技术的评估取代。在 IPD 中，产品概念阶段要收集客户全部需求和企业内部需求，对新产品进行完整定义，并全面分析新产品的市场竞争和市场回报；产品计划阶段要根据新产品的定义总体设计新产品的实现方式、产品构成、产品复杂程度、产品成本、产品开发周期、产品开发所需资源等信息，以供 IPMT 进行新产品开发立项的决策。

第一节　产品开发概念阶段的职责及业务流程

一、产品开发概念阶段的业务流程

集成产品开发模式与传统产品开发、项目管理模式的主要差别是：传统产品开发、项目管理模式是技术驱动方式，以技术的先进性来提高产品的竞争力；而集成产品开发模式是市场驱动与技术驱动双结合的方式，其十分重视市场及客户的需求，在组织架构和业务流程中都充分体现了对市场的关注。这些关注度分别体现在 IPMT 的全部业务流程及 PDT 产品概念和产品计划的业务流程中。IPMT 进行的市场分析、管理工作，主要是在企业的战略层面、市场竞争层面上，从企业的商机把握、投资回报角度提出的新产品战略规划建议及新产品开发立项决定。而在 PDT 的产品开发流程中，产品概念阶段所关心的是另一个层面的工作，重点考虑的是产品的需求满足、需求定义，即定义一个产品能满足 IPMT 提出的产品规划要求。产品概念阶段是产品开发过程的第一个阶段，是一个非常重要的阶段，也是极易被忽略的阶段。在传统的产品开发、项目管理模式中，产品的概念阶段是不被重视的，仅仅只是站在技术的角度来考虑产品的定义。

在集成产品开发模式中，产品概念阶段要依据企业 IPMT 提出的产品规划要求、资源配置要求及时限要求，首先制订出项目计划。项目计划包含产品需求定义、技术共享分析、知识产权分析、供应商分析、竞争对手产品分析、供应商分析、财务评估分析、总体风险评估分析等内容。在此基础上，然后制订出技术标准策略、销售预测与营销策略、生产制造策略、用户服务策略、初步的业务计划及概要的总项目实施计划。

产品策划是产品概念中的重要内容。产品概念阶段其实就是一个产品的策划过程，所以产品概念阶段也称为产品策划阶段。

二、产品的正确描述

产品概念阶段最重要的工作就是正确描述新产品。只有对新产品有了正确的描述，才有可能开发出满足客户需求、有竞争力的产品。而对新产品进行正确描述的重要前提就是对新产品的需求要有足够清晰的了解。在此基础上，研发人员进行需求分析、分类、确认，并用需求规格说明书正确表达需求，从而将宏观、抽象的需求转换成新产品的特征、功能、性能。

新产品的需求由外部需求和内部需求两大类组成。所谓外部需求就是客户的需求、市场的需求。所谓内部需求就是企业内部中试、生产、销售、服务、成本及盈利的需求。外部需求的收集常因没有标准而受主观因素的影响较大，这致使外部需求的收集、分析过程变成了"走过场"。这种情况在传统的产品开发、项目管理模式中更为严重，它导致开新产品没有任何市场，仅成为"样品"。内部需求在传统的产品开发、项目管理模式中常被忽略。新产品不仅要满足技术指标的要求，还应具备可生产性、可维护性、可安装性、可靠性及低成本性，这些特性就是内部需求。

第二节 外部需求及非技术制约因素的确认、评审

一、市场需求的确认

在传统的产品开发、项目管理模式中，产品开发团队不完全清楚客户需求时，凭借自我想象制造出客户的需求，结果在产品的开发过程中，研发人员得到客户的需求反馈，不得不修改产品开发方案，这将造成产品开发成本不断增加，产品交付时间不断推迟，严重时将会导致产品开发项目全部被推翻、重新再来，企业的损失巨大。

而集成产品开发模式中产品概念阶段所要做的工作之一，就是要在产品正式开发之前，启动企业内市场、销售、工程、服务资源的力量，对客户的需求进行全面收集，且在过程中，要不断地自我提问并解答：需求是否描述清楚？新需求是否与其他需求相冲突？描述的内容是否完整？是否说明了需求的来源和来源类型？新需求是否适合该产品？是否对每个需求的风险都进行了说

明？是否对每个需求的优先级进行了说明？是否对每个需求进行了分类？在回答了这些问题后，应将这些问题按产品概念阶段中的业务流程，进行客户原始需求收集，解释原始需求数据，整理客户需求，分类需求，评估需求，提出满足客户需求的产品概念、定义。

按集成产品开发模式的产品概念流程方法得到的市场需求的清晰度与传统的产品开发、项目管理模式相比，差别是非常大的，如图11-1所示。

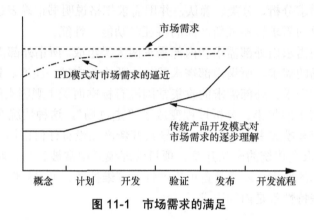

图 11-1　市场需求的满足

由图 11-2 可见，在集成产品开发模式中，PDT 在进行产品立项开发之前引入了产品概念、计划，并通过对大量的前期市场需求进行收集、分类、评估、整理，我们对市场需求的清晰度有了较大的确认度。但与市场需求的贴合度已经非常高了，这样就可大幅降低不断修改设计方案的可能性。而在传统产品开发开发、项目管理模式中，PDT 在产品立项开发之前，对市场需求的理解是远远不足的。随着产品开发过程的逐步推进，PDT 对市场需求的理解才不断清晰，直到新产品开发结束，准备进行新产品发布时，才逐渐接近市场的需求。

二、$APPEALS 需求模型及非技术制约因素的确认

缺乏及时的市场需求是产品开发项目偏离方向的最主要原因。为了能更清晰地了解市场和客户的需求，集成产品开发模式在产品概念阶段使用了一种用于了解客户需求，确定产品市场定位的分析工具——$APPEALS 模型。$APPEALS模型从8个方面来分析客户对产品的需求，以确定客户的核心需求。$APPEALS 含义如下。

① $为产品价格（Price）：产品价格是指客户能够接受的产品、服务价格及付款方式。在客户能接受的产品价格内，我们产品的定价是否在客户能够承受

的产品价格区域内？产品的成本是多少？盈利空间有多大？产品投资回报如何？这里的成本就是产品全周期、全流程的成本。这些都是分析客户需求时要考虑的问题，这就要求工科学生要具备经济决策能力。要把依据市场竞争所需的产品价格作为产品开发的经济"红线"，如果产品在经济"红线"范围内无法获利，该项目就会被终止。

② A 为可获得性（Availability）：产品可获得性是指用户能接受的产品商业模式、产品形态、销售方式、服务方式、交货时间、地点等。

③ 第一个 P 为包装（Packaging）：产品的包装是指产品的内外包装、附件、说明资料等。

④ 第二个 P 为性能（Performance）：产品性能是指产品的技术指标、功能、特性、附加功能、兼容能力、升级能力等。

⑤ E 为易用性（Easy to Use）：产品的易用性是指产品的易安装性、易维护性、易操作性、界面的友好性、产品的维修方式等。

⑥ A 为保证程度（Assurances）：产品的保证程度是指产品符合标准要求、通过质量强制检测、满足本专业领域非技术制约因素要求、质量保证、安全性、可靠性、"三包"承诺、保修期等。

⑦ L 为生命周期成本（Life Cycle of Cost）：产品的生命周期成本是指产品的使用寿命、生产全成本、运行成本、维护及消耗的成本、升级的费用、替代方案的代价等。

⑧ S 为社会接受程度（Social Acceptance）：产品的社会接受程度是指产品是否符合工程伦理，是否符合产品所在行业的法律及法规要求，是否侵犯知识产权，是否满足标准化的要求，是否尊重当地人文风俗，否符合当地环保要求，认证资质是否符合要求，是否获得销售许可批准等，以上这些都属于能否被社会能接受的市场准入条件，是产品进入社会、市场的前提。

$APPEALS 模型的 8 个方面也被称为$APPEALS 模型的 8 个矢量，针对客户对$APPEALS 模型 8 个矢量的要求，企业应评估自身在这 8 个矢量上所能达到的实际能力，还要评估主要竞争对手在这 8 个矢量上的竞争能力，并列出表格进行比对。通过$APPEALS 模型各个矢量的比对，以确定企业的竞争优势和差距；明确哪些优势要强化，哪些劣势要弥补；明确新产品开发的策略、卖点；明确新产品所需的功能、性能规格；形成新产品开发的市场规格说明书，通过产品的开发来弥补自身的差距，将差距的弥补作为新产品设计的规格要求。如果拟开发产品的技术要求、或非技术要求无法满足社会要求，该产品就不能立项，产品的开发到此结束，这就是集成产品开发模式的项目管理规则。

第三节　产品全周期、全流程内部需求的确认

一、中试需求的确认

中试是产品开发下游的第一个环节,它的职责是对产品样机进行测试、验证。中试采用"黑箱测试"的方法,以客户的需求为依据对产品样机进行系统严格地测试,验证其是否能达到内外部客户所需的技术指标、功能性要求及非技术制约因素的要求。中试的另一个重要职责是找出产品样机存在的各种技术错误、故障。为了找出产品样机中的各种隐性技术问题,中试部门要采用许多严格的测试方法、测试环境。中试是替内外部客户把关的重要验证关口,中试部门的验证对研发部而言是最难通过的关口。因为在传统的产品开发、项目管理模式中,研发部、中试部是完全独立的两个部门,两者是"考生与考官"的关系,研发部门并不了解中试部门的测试方法、验证规则等,也就是并不了解中试部门的需求。所以要想产品样机能快速通过中试部的测试、验证,的确不是一件容易的事情。

集成产品开发模式在产品概念、计划阶段就要求PDT像对待客户的需求一样来对待中试部门的需求,产品样机要具备高度的可测性,以保证产品能被自动化检测。PDT只有在产品进入开发阶段之前充分了解中试部门的需求,才能大幅减少因不满足中试需求而修改甚至重新设计的情况发生。

二、可生产性需求的确认

生产部门作为研发部门的下游,同样有许多独特性的需求,如会要求被生产的产品能够达到现有生产线上各种工艺的要求,要求被生产的产品能够适合全自动的生产要求,要求被自动生产的产品一次测试合格率达98%以上。这样既可极大地降低生产过程成本,又可极大地降低产品质量风险。如果这些需求得不到有效地满足,新产品就迟迟不能进行规模化的生产。

在集成产品开发模式下,PDT能够把可生产性的需求在产品开发前纳入产品概念、计划阶段,那么开发出的新产品就能够满足生产线的全部需求。

三、可安装性需求的确认

企业内的工程安装部也是研发部的下游，它对产品的可安装性有许多特殊要求。PDT 如果不能有效地满足这些要求，就会导致新产品的安装效率大幅下降，单位产品的安装成本大幅增加。这对提升新产品的竞争能力是极为不利的。如果在开发过程中甚至开发结束后才得到工程安装部的需求，其结果要么是无法满足安装部的需求，要么就是修改新产品的设计，无论是哪一种结果，对企业的发展都是不利的。

因前期不能获知需求，传统的产品开发、项目管理模式中可安装性的问题就成了突出问题。但是在集成产品开发模式下，PDT 中有工程安装部的人员参与开发，因此 PDT 可提前获取工程安装部的需求，以便在设计新产品时，能满足工程安装部的全部需求。

四、可维护性需求的确认

任何新产品在大规模生产、使用后，都需要大量的售后服务。对于高新技术产品而言，如果售后服务工作对服务人员的技术水平要求过高，一是能够进行售后服务的人员就会锐减，服务质量也会大幅下降；二是售后服务的人工成本会急剧增加，新产品的经济回报会急剧下降。要想降低新产品对售后服务人员的技术要求，想降低售后服务的成本，就要提高新产品的可维护性。要提高新产品的可维护性可不是一件简单的工作。新产品定型后是无法提高产品的可维护性的，PDT 只有在新产品开发前充分获取售后服务部的需求信息，并将可维护性的需求加入产品的设计方案中，才可能提高产品的可维护性。因此，PDT 在产品概念、计划阶段要充分听取售后服务部的意见，考虑售后服务的需求，而不是在中途通过修改设计的方式来满足售后服务部门的需求。由于在集成产品开发模式中，PDT 中有售后服务人员参与产品开发的全过程，因此，可有效地获取售后服务的需求信息，以满足可维护性的要求。

五、新产品成本需求的确认

高新技术产品只有在技术创新与低成本双突破时，才会发挥出强大的竞争优势。高新技术产品无论是技术创新，还是低成本，都是靠研发来实现的，即产品研发同时决定了产品的成本和盈利能力。如果在产品研发前不能得到市场最终能接受的产品价格、成本，那在进行产品研发时就没有一个成本的标准，待产品开发完后，新产品的单位变动成本已经确定，除非重新进行产品设计，否则单位产品的变动成本是难以改变的，新产品的成本也就难以改变。所以，在新产品开发前，一定要明确客户能接受的产品成本上限是多少。传统的产品开发、项目管理模式中，产品开发阶段是不考虑新产品全周期、全流程成本的，但在集成产品开发模式中，产品全周期、全流程的成本是必须考虑的问题。

六、产品需求的形成

产品需求的形成如图 11-2 所示，只有在产品的概念阶段充分收集、分析、了解、确认了产品的内外部的需求，才能形成真实有效的产品需求。

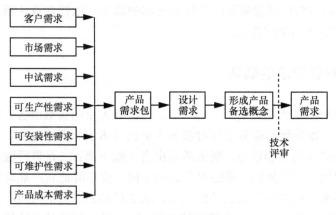

图 11-2　产品需求的形成

第四节　产品计划阶段的职责及业务流程

一、集成产品开发模式中产品计划阶段的特点

在集成产品开发模式中，PDT 要根据产品概念阶段的概要制订出详细的、可具体实施的项目计划。在产品计划阶段，PDT 要依据产品内外部的需求进行产品特征定义、产品系统设计和设计规格的定义、产品总体概要设计、总体方案建模、系统仿真并确定系统方案、产品设计布局的分配，还要制订技术标准的计

划、技术共享的计划、产品开发的详细计划与分工、产品开发计划的项目管理图、产品开发资源的布局计划、资源的管道管理计划、项目实施的奖惩计划等。

以上这些都是在产品计划阶段必须完成的工作，PDT 不仅要列出每一项工作完整的计划内容，制订时间计划，预估资源投入，还要作出每一项工作计划的验收方式、要求，以确保产品计划阶段的工作是可落实、可操作的。产品的计划阶段对产品开发而言是一个十分重要的阶段，因为一旦这一阶段的工作能够按照预期完成，就意味着企业将正式大规模投入该产品开发。一旦产品计划的工作通过，企业的全线研发人员、开发所需的仪器仪表设备、开发的投入资源将会大规模地投入，大规模的产品开发资金消耗将正式开始。所以在集成产品开发模式中十分重视产品计划阶段的工作。

二、总体设计的结论是产品立项的依据

集成产品开发模式与传统的产品开发、项目管理模式都有产品计划阶段，但两者是有本质差别的：传统的产品开发、项目管理模式先进行新产品开发立项，再开始产品计划工作，即包括技术总体设计在内的产品计划工作是产品正式开发后进行的；而集成产品开发模式是先进行产品计划及技术总体设计，IPMT 根据产品计划报告的内容，评审后来决定是否进行新产品开发立项。

传统的产品开发、项目管理模式是先进行新产品的开发立项，在产品开发立项时就已确定了新产品的开发周期、开发资金总投入、人力及仪器等资源的占用方案，但这时还没有确认新产品的最终定义，还没有进行产品的总体设计。因此，在传统模式中，正式确定新产品开发立项前，企业的最高管理层还并不了解该新产品的复杂程度，不知道该新产品的开发真正需要多少人力和仪器资源，不知道准确的开发时间及项目预算。在这些重要的情况都不明确时就决定立项，最终结果是会突破产品开发周期和预算的。如果突破预算的资金数额超出了该企业的实际承担能力，那该企业就会陷入经营困境；如果产品开发的周期延长到市场"最佳窗口"之外，即便新产品开发完成，也丧失了预期的开发意义。

与此相反，集成产品开发模式将产品计划阶段放在新产品开发立项之前，其先将新产品的实现方案、技术平台、产品特征、总体技术方案、共享技术方案予以确认，清楚了该产品开发的复杂度，清晰了开发项目所需的人力及物资的确切数额，明确了新产品能实现的竞争水平及准确的开发周期。这时再来评审是否进行产品的开发立项，就可精确把握新产品开发的风险，有效地控制产品开发的全过程。所以集成产品开发模式中先计划再立项是"事半功倍"的方法，能够有效地消除传统产品开发、项目管理模式中的诸多缺陷。

PDT 完成了产品计划阶段详细的总体项目计划报告后,必须要上报 IPMT 决策。IPMT 对总体项目计划报告的审批十分严格,除了要由 IPMT 的全体成员及 SPT 成员共同决策外,还要求 PDT 参与项目答辩。产品计划阶段决策的重要评判标准是资源投入的合理性、计划实现时间的可接受性、技术共享比例的符合度、知识产权创造及管理的有效性、产品经济回报的可行性等。IPMT 对产品计划报告的决策结果有 4 种情况:否决、暂缓、退还修改、通过。一旦产品计划报告获得 IPMT 的评审通过,IPMT 将与 PDT 正式签署产品开发合同。PDT 同时与其他有业务关联的内部业务部门、职能部门签署合作协议,同时与该 PDT 内各工作组签责任书,正式开始该新产品的开发。

第五节 建模及仿真

一、需求模型转换为产品开发特征说明书

在产品开发的概念阶段,通过$APPEALS 需求模型,可以得到可衡量、可操作、可落实的产品开发客户需求规格书,再通过标准化的内部需求模型,就可以得到能够反映可生产性、可安装性、可维护性、可靠性、全周期低成本的内部需求规格书。在得到产品开发客户需求规格书和内部需求规格书后,我们就可以把这两份需求规格书转换成产品开发特征说明书。

二、FFAB 产品特征模型

所谓产品的开发特征就是产品的技术特征的描述。产品的开发特征是通过"FFAB"特征模型得到的,"FFAB"的含义如下。

① 第一个 F 为产品技术特性(Feature):是指技术组件的独特优势,多个不同技术组件组合在一起形成功能模块。

② 第二个 F 为产品功能模块(Function):是指新产品的功能模块的划分、各功能模块的独特性及各功能模块之间的关联等。

③ A 为产品的优点(Advantage):是指新产品的优势,是产品的独特性和竞争性。

④ B 为给客户带来的好处(Benefits):是指新产品的优点给客户带来的好处。

三、总体技术方案的建模

产品开发的建模过程是产品开发计划阶段的核心内容之一。建模过程就是将内、外部的需求规格通过数学、机器语言、或其他工程表达方式进行抽象、简化,以形成对产品技术特征架构的描述。将产品$APPEALS规格要求及内部需求规格要求转换为产品的FFAB特征,形成新产品的技术特征架构,这就是建模过程。

图11-3是FFAB产品特征实现模型。由于产品都是复杂工程系统,对复杂工程系统直接进行系统建模是比较困难的,因此可以先分别构建能反映市场规格要求的、具有独特技术特性的技术特征$F1$、技术特征$F2$、技术特征$F3$……技术特征Fn,再用若干个技术特征构成功能模块$F1$、功能模块$F2$、功能模块$F3$……、功能模块Fm,再由若干个功能模块构成新产品的优点$A1$、$A2$……,最后以新产品的优点来实现给客户带来的好处$B1$、$B2$……可以理解为,底层的技术特征是对技术单元的建模;功能模块是对子系统的建模,产品优点模块、客户好处模块是对系统总体的建模。

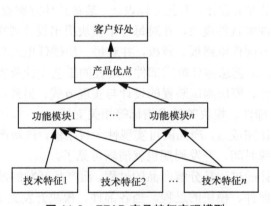

图 11-3　FFAB 产品特征实现模型

四、产品的总体设计

在产品计划阶段中,产品总体设计的工作量很大。产品总体设计是按照产品的需求、描述和定义在技术规格上进行分解设计的过程,如图11-4所示。

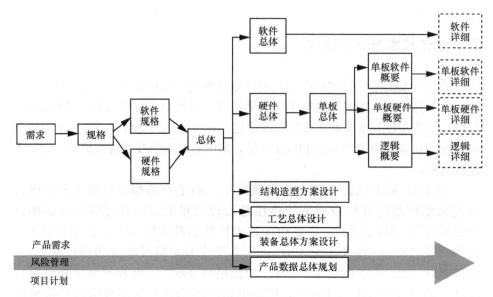

图 11-4　产品总体设计的过程

由图 11-4 可见,产品总体设计的过程就是用分解技术的方式来实现产品需求规格、特征的过程。产品总体设计把产品规格、特征分解成软件总体、硬件总体、结构造型方案设计、工艺总体设计、装备总体方案设计等环节。其中,软件总体分解成许多软件模块,并对每一个模块提出设计要求、实现要求;硬件总体分解成许多硬件电路板、背板,并对每一块硬件电路板、背板提出设计要求、实现要求;工艺总体分解成部件、过程的工艺设计及实现方式;装备总体分解成各种部件、模块测试装置的设计与实现方式。另外,还要提供各种外部配套(OEM)部件、模块的技术指标等相关支持。

产品总体设计完成后,产品的可实现性一目了然,该新产品开发所需的资源、各部件的实现时间、开发周期也就清晰可见了。

产品总体设计的过程是分解产品的过程,而产品开发的过程其实是一个并行设计及实现各部件、模块的过程。当各部件、模块开发完成后,通过集成,将开发的各个部件、模块合并组合成一个完整的产品,以实现最终产品的功能、特征、性能。

五、总体设计的系统仿真

建模的主要目的是对技术单元模块、功能模块、系统进行计算机仿真。仿真环节是产品开发计划阶段中十分重要的环节,如果不对技术单元模块、功能模块、系统进行计算机仿真,就不能够预先知道这些技术单元模块、功能模块及系统的技术特性。不能预知设计结果对设计者来说是十分被动的事情,这时设计者只能将这些技术单元模块、功能模块及系统的软件、硬件先实现出来,再通过测试才能知道这些技术单元模块、功能模块及系统的最终性能,但如果设计方案、建模本身就存在先天问题的话,这时无论怎么实验、测试也不可能得到正确的结果,这将会导致整个产品开发的失败。因此,必须要在系统软硬件设计/开发之前,先对技术单元模块、功能模块及系统的建模进行仿真,以便能够提前知道设计方案、建模本身是否存在问题。

如果仿真结果能够达到预期技术特性,就可以在此建模方案上增加一些干扰因素,以模拟实际工程应用背景。若在此时的仿真结果仍能达到预期技术特性,就可以开始进行技术单元模块、功能模块及系统的软硬件开发。因此总体设计、系统建模、系统仿真必须在产品开发计划阶段中,产品设计/开发阶段前完成。

六、产品开发的项目计划

产品的开发过程是将产品的总体技术要求及功能分解成为硬件设计、软件设计、结构设计、工艺设计、系统设计、集成电路设计、OEM 规格设计等环节,进而再分解成若干个子系统平台、电路板、模块、部件等单元。这些分解单元的设计和实现必须要有精细的项目编制计划。由于每个分解单元的设计、实现难度不同,且并不是所有的分解单元设计、实现都是同时开工的,因此,应根据产品总体设计、集成时间表的要求,进行各分解单元的设计、实现、集成。集成是分解设计的逆过程,将分头设计的各产品单元集成起来进行测试,看各单元设计、实现的产物集成起来后是否能达到产品总体设计的技术、功能要求。各产品单元开始设计的时间,是用该产品单元参加集成测试的具体时间减去该产品单元自身的设计、实现所需的时间所得到的。

下面举例解释。某产品由 5 块电路板所组成,编号分别为 PCB1、PCB2、PCB3、PCB4、PCB5,这些电路板的复杂程度不同,它们所需的开发时间分别为 3 个月、9 个月、2 个月、4 个月和 6 个月。为保证各块电路板不会耽误该产品集成测试的时间,在进行产品集成测试之前,各块电路板的设计、实现必须完成,所以各电路板的开发启动时间是不同的,产品开发项目计划如图 11-5 所示。

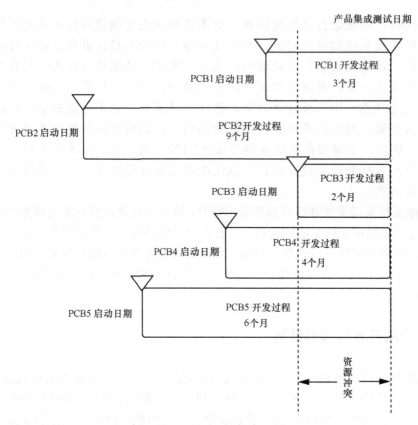

图 11-5　产品开发项目计划

　　为保证产品集成测试能够按规定的日期进行，PDT 必须按各产品单元所需的设计、实现时间制订不同的开工时间。在实际编制项目计划表时，除了要考虑到产品集成测试的时间点外，还应合理安排项目所占资源。图 11-5 虽然保证了在进行产品集成测试前，5 块 PCB 的开发都已完成，但在产品集成测试之前的 2 个月内，出现了项目资源冲突的情况，这意味着企业至少要安排 5 个开发小组同时进行开发。如果不能有效地进行资源的管道管理，就容易出现 2 种极端情况：一种是在资源冲突高峰期时，因资源无法得到保障而造成产品集成测试的时间被迫推迟；另一种是在资源冲突高峰期过后，项目资源出现严重的浪费。这充分说明了使用管道管理方法的必要性。图 11-5 的案例可调整成管道管理方法的产品开发项目计划，如图 11-6 所示。

　　两种产品开发项目计划都保证了产品集成测试能够按计划开始，但相比之下，图 11-5 的项目计划比图 11-6 的项目计划多占用了 2 个开发小组的资源。因此，管道管理方法可在保证计划能按时实施的同时有效地节省开发资源。

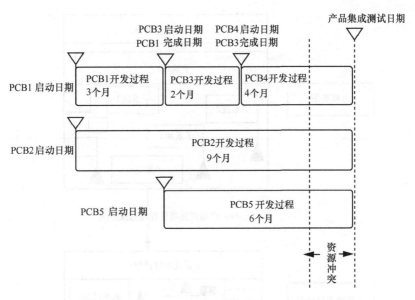

图 11-6　管道管理方法的产品开发项目计划

实际上产品开发过程的项目计划比图 11-6 要复杂得多，PDT 需要同时考虑多个硬件的设计、多个软件的设计、多个集成电路的设计，而且硬件设计分为系统平台、子系统平台、电路板、模块、CBB（Common Building Block，公共基础模块）等设计环节，软件设计分为系统平台软件、子系统平台软件、软件模块、软件 CBB 等设计环节。一些大型高新技术产品的开发需要数千名研发人员的协同，这时的项目计划就是非常复杂，但其基本原理与图 11-6 相似，只不过需要将项目计划分为多个层级，每个层级会同时出现多个并行的产品子项目的计划，每个产品子项目计划的事项更多。

所以，如图 11-7 所示，在产品计划阶段，PDT 应对所有的开发工作、外部协作工作制订出项目计划总概要图、子系统项目计划及单个模块计划，以便能清晰地分层管理所有参加项目开发的内部、外部团队的工作内容、工作时间、工作要求、资源分配，保证项目计划的实施。在图 11-7 中，为清晰地看到被管理内容，可实施分层管理。其中，图 11-7（a）是产品开发项目管理的总概要图，它反映的只是子系统的项目计划；图 11-7（b）所示的是某个子系统的项目计划；图 11-7（a）中有多少个子系统，就应有多少个不同的子系统项目计划图，而每个子系统项目计划图是由多个单个模块项目计划组成，如图 11-7（c）所示。无论是总概要图，各子系统的项目计划，或是单个模块项目计划，都应进行精细的项目计划管理，在最大限度节省开发资源的前提下保证产品项目计划按时实施。

设计开发流程与工程项目管理的原理及运用

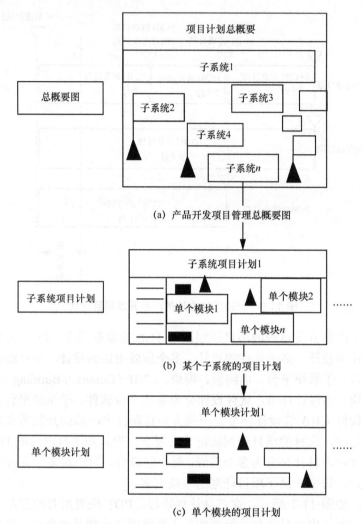

图 11-7 产品项目计划管理示意

第六节 本章小结

本章阐述了集成产品开发模式中 PDT 的产品概念、产品计划两个阶段的业务流程。

集成产品开发模式与传统产品开发、项目管理模式的主要差别是：传统产品开发、项目管理模式采用的是技术驱动方式，以技术的先进性来提高产品的

第十一章 PDT产品开发的概念与计划流程

竞争力；集成产品开发模式采用的是市场驱动与技术驱动双结合的方式，其十分重视市场及客户需求的满意度。在集成产品开发模式中，IPMT 进行的市场分析、管理工作主要是站在企业的战略层面和市场竞争层面高度，从企业的商机、投资回报的角度提出新产品的战略规划，而在 PDT 的产品概念阶段重点考虑的是产品需求的定义及满足。产品概念阶段是 PDT 产品开发流程中的第一个阶段，这一阶段最重要的工作就是对新产品进行正确的描述，只有对新产品有了正确的描述，才有可能开发出有竞争力的、满足客户需求的产品。对新产品进行正确描述的重要前提是对新产品的需求有足够清晰的了解。本章详细阐述了新产品外部需求、内部需求的收集、了解、分析、确认的方法，即用$APPEALS 模型来确定外部的需求，从中试、生产、安装、维护、成本等方面来确定产品内部的需求。然后从产品需求的确定转换为产品设计需求的确定，从而形成产品的需求。

本章对客户的需求分析给出了$APPEALS 模型，通过$APPEALS 模型可找出企业自身与客户要求的差距，找到自身的优势和劣势的同时，也可找出与竞争对手的差距。通过$APPEALS 模型比对，企业可明确自身哪些优势要强化，哪些劣势要弥补；明确新产品开发的策略、卖点；明确新产品所需功能、性能的规格；形成新产品开发的市场需求规格说明书。

本章也阐述了产品特征 FFAB 模型，通过 FFAB 模型可将新产品开发的市场需求规格说明书转换成产品特征说明书。FFAB 模型的贡献在于其将客户宏观、抽象的需求转换成了新产品的技术特征，形成了新产品技术架构的原型。

本章详细阐述了产品开发流程中产品计划阶段的职责。表面上看，集成产品开发模式和传统产品开发、项目管理模式中都有产品计划阶段，但两者是有本质差别的。传统的产品开发、项目管理模式是先进行新产品的开发立项，在开发立项时就确定了新产品的开发周期、开发资金投入总额等内容，但由于此时还没有确认新产品的最终定义及新产品的总体设计，因此，在新产品开发立项前企业最高管理层并不清楚该新产品实现的复杂程度。换言之，此时还并不知道该新产品的开发真正需要多少人力、物力，新产品开发在资源占用的决策上具有很大的盲目性，会使企业在产品开发中陷入困难。

与此相反，集成产品开发模式将产品计划阶段放到产品开发立项之前，在计划阶段就将新产品的实现方案、技术平台、产品特征、总体技术方案、共享技术方案都进行了确认，之后再进行新产品的开发立项。这样就可精确地把握新产品的开发风险，有效地控制产品开发的全过程。

思考题

1. 为什么在传统产品开发、项目管理模式中,要等到新产品开发结束后,进入产品发布阶段时,新产品的定义才能逐步与客户的需求接近?
2. 书中的$APPEALS需求模型的解释是国外提出的,你能否根据中国的国情,对$APPEALS需求模型做出一个本土的解释?
3. 如果在产品开发前没有得到企业内部的需求,这会给新产品的开发带来什么问题?
4. 为什么要在新产品开发立项前进行新产品的总体设计?
5. 在进行产品开发的项目管理时,为什么要设法降低资源冲突?

第十二章
PDT 全流程的产品设计、实现流程

在产品开发阶段，PDT 必须严格遵守产品模块化、平台化的设计理念。首先要进行分解设计，将一个拟开发的完整产品分解成若干个模块、平台。然后在开发这些模块、平台前，查询模块、平台库，尽可能地重用已有的模块平台，只对无法重用的模块进行开发。通过对新模块的开发、验证，充实已有的模块库，在此基础上再形成新的平台，并充实已有的平台库。最后当分解设计的各单元都分别实现后，将各分解单元进行集成，形成最终的新产品。

第一节 技术预研与产品开发的分离

在企业中,一般将产品研发统称为R&D,其中R(Research)为技术研究,也称为技术预研,D(Development)为技术、产品开发,R、D两者的目的及实现方式是不同的。技术预研以技术的创新性突破为主要目的,追求的是技术的原创性,是为了攻关、突破、掌握一些原本未掌握的技术。我国的许多政府科研攻关项目就是这类的技术研究项目。

技术预研是指为获取并理解未知的技术知识而进行的独创性、探索性的研究,是为进一步的开发活动进行原理方面的准备。预研的结果是否会转入产品开发具有较大的不确定性。技术预研项目的来源有以下几种:不成熟的新器件和技术的研究;无把握的重要关键技术研究;市场的需求尚不能完全定量描述,但具备明显牵引作用的技术预研;业界已成熟但本企业积累较少的技术,且风险较大的技术预研;不成熟的新标准及草案的研究,以及所涉及新的协议、算法的研究。正是因为技术预研是针对尚未掌握的技术原理进行研究的,所以技术预研的开发过程、时间、资金及结果都存在着极大的不确定性。

产品开发是指市场需求明确,关键技术风险已基本解决,投入产出比和盈利目标清晰,并以明确的产品形态为交付物的项目。产品开发是以获取商机、竞争优势及满足市场、客户需求为目的的,不是仅以技术的先进性来衡量的。产品开发的目标不仅是实现要求的技术性能,还要实现要求的产品低成本、交付时限、投资金额、可用性、可生产性、可维护性、可安装性、可靠性、竞争能力等指标。总而言之,产品开发的目的是为了在确定的时间和投资范围内,达到预期的投资回报。

技术开发可进一步细分为产品平台开发、技术平台开发、技术组件开发。技术开发项目的成果可直接应用于后续或相关产品的开发。技术开发与技术预研最大的区别是技术开发是对已知的技术原理进行应用开发,而技术预研是对未知的技术原理进行探索研究。

传统的产品开发、项目管理模式往往采用纯技术驱动的方式，将技术预研的内容作为新产品的亮点，常以关键技术的重大突破作为新产品的唯一卖点，即在产品开发过程中混淆了技术预研和产品开发的界限，不分离技术预研过程和产品开发过程。技术预研和产品开发两者不分离的结果是：新产品的开发时间、投入资源（包括资金、人力、设备）及开发的结果不可控。这对提高企业的竞争能力是极为不利的。比如，许多企业在产品开发过程中，常常被迫全线停止开发，而去等待某项技术预研的成功。又比如，有的企业在产品开发到一半时，由于某项技术预研的失败，而被迫修改原拟定的技术方案。

集成产品开发模式要求严格分离技术预研和技术开发、产品开发阶段，并且通过产品开发流程中的"概念和计划"阶段将两者分离，如图12-1所示。

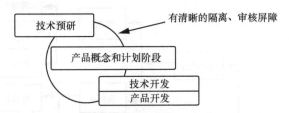

图 12-1　技术预研与技术开发、产品开发的分离

技术预研阶段与技术开发、产品开发阶段是分离的，两者是独立进行的。在集成产品开发模式中的产品概念和产品计划阶段，当技术预研没有完成时，或技术预研虽完成但还没有被验证、确认能用于新产品时，会有专门的评审环节以避免将该技术预研成果纳入到新产品的开发方案中来，有效地避免了技术预研与技术开发、产品开发的混淆。只有该技术预研成果在现有生产环境下可实现且对其可能带来的风险充分了解的前提下，才能在产品开发过程中使用该技术预研的结果。只有将复杂技术的预研与技术开发、产品开发过程分离，才能有效地控制产品开发的时间及成本。集成产品开发模式中采取的技术预研与技术开发、产品开发过程的分离措施，充分体现了集成产品开发模式面向客户、面向投资回报的价值取向。

第二节　产品设计、实现过程的管理

一、设计分解

因为高新技术产品的开发一般都比较复杂，所以在产品开发立项后，往往不是直接进行开发,而是要根据总体技术设计的要求,把一个完整的高新技术产品拆分成许多层面、中间件、模块。这个拆分过程称为设计分解,进行设计分解的好处有以下几点。一是将复杂的产品分解为许多部件、模块进行开发,有利于整体开发项目的管理。二是有利于技术重用。新产品如要达到规定的技术重用度指标,要充分利用已有的 CBB 组件、板级平台、子系统级平台、产品级平台及系统级平台,在进行设计分解时也不是随意的,要以多级平台的结构形式,从上到下地分解,最终分解到 CBB 组件。三是有利于产生新的 CBB 组件及平台。四是有利于采用异步开发模式,合理节省开发资源,缩短新产品的开发周期。设计分解示意如图 12-2 所示。

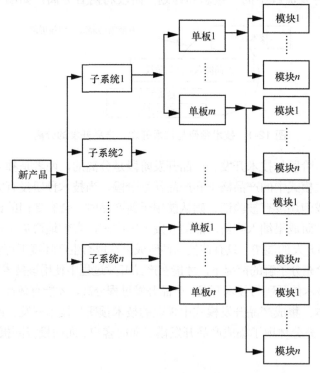

图 12-2　设计分解示意

设计分解完成后,要对分解的每一个单元模块提出详细的指标要求、验证方法,以便于检验被开发的单元模块是否符合预期的要求,并依此作为对各单元模块的验收依据。

在此基础上再进行各单元模块的详细设计。详细设计的内容包括硬件电路的设计、软件程序代码的编制、外协开发的布置等。

二、设计规划

设计分解完成后,并不是所有分解的模块都要进行设计、实现,在设计、实现前,要先进行设计规划。所谓设计规划是指明确哪些模块需要进行开发?哪些模块可以利用已有的 CBB?哪些模块应该采购?若已有的 CBB、平台可用,就不要重新开发;若已有的 CBB、平台不可用时,就要考虑开发新模块或外购模块,但当新模块的技术还处于预研状态,或开发时间不能满足要求,或新模块的成本数额达不到成本、经济指标时,就不能进行新模块的开发,此时需要外购模块。在集成产品开发模式中,设计规划是不可缺失的环节,一切以市场竞争需要、经济回报为目的,而不是将技术突破作为产品开发的目的。

三、设计实现

设计实现包括两部分的工作:一是根据单元模块的详细设计要求进行单元模块的开发,完成开发的单元模块实物,这个单元模块开发实物包括硬件、软件及外协的部件;二是通过"白箱测试"来验证单元模块的设计实现能否达到事先的设计要求。

由于在设计实现前进行了设计规划,因此并不是所有的模块都要进行设计实现,已有的 CBB、平台就不用进行设计实现,外购的模块也不用进行设计实现。

四、设计集成

根据产品的复杂程度,产品的集成测试可以是一次性完成的,也可能是分层级进行的,先进行板级、子系统级的集成测试,再进行产品的集成测试。产品的集成测试是由研发人员与专业测试部门的人员共同进行的。

之所以要进行集成测试,是因为一个完整的产品被分解成许多单元模块。要想得到完整的新产品,各单元模块在开发完毕后,进行分层级集成。新产品集成示意如图 12-3 所示。

单元模块在完成开发后,要先进行单板的集成,即将相应的多个单元模块集成为某单板。然后单板进行集成测试,验证该单板是否达到设计分解提出的技术指标、功能需求、特征需求的要求。即便是已有的 CBB、平台,或外购的模块也要进行集成测试,及时发现所有模块、平台连接后是否能够满足要求。

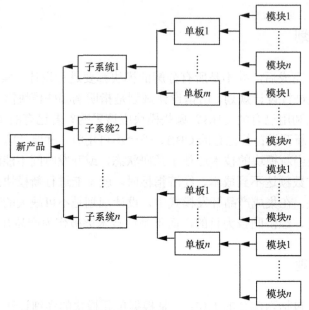

图 12-3 新产品集成示意

如果单板集成测试不能通过，就要对相应的单元模块及单元模块之间的连接进行检查，排除技术问题后再次进行单板集成测试，直到该测试通过为止。同一子系统对应的各单板应同时进行单板集成测试，以保证该子系统内的各单板均完成集成测试后，能够进行相应子系统的集成测试。

子系统的集成测试是将该子系统对应的各单板组合起来后进行的集成测试。如果某子系统的集成测试达不到设计分解时对该子系统提出的技术指标、功能需求、特征需求的要求，则要重新查找该子系统对应的各单板及各单板之间连接的问题，直到达到该子系统的全部要求为止。所有的子系统几乎都是同时开始进行各自的集成测试的，只有当所有的子系统都完成了自身的集成测试后，才能进行新产品的集成测试。除非其中有技术重用的单板、子系统，如果有就可以异步开发。

新产品的集成测试如果达不到产品计划阶段提出的产品全部技术指标、功能需求、特征需求的要求，就要查找其所包含的子系统及各子系统之间连接的技术问题，直到达到全部要求为止。

五、系统集成测试

有些复杂的客户需求仅用单一的产品是无法满足的，其需要多种不同的产品组合起来。如在移动通信网络中,需要将无线基站产品、基站控制器产品、移动交换机产品、手机产品组成完整的系统网络,才能满足客户的最终需求。对于多个不同产品组合使用的情况,只进行单个产品的集成测试是不够的,必须要按照客户的应用需求,将全系统中的各产品组合后进行系统集成测试,以验证各个产品在系统组网后的功能是否能够全面实现。如图 12-4 所示是系统集成测试示意。

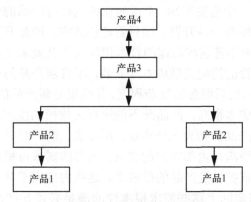

图 12-4　系统集成测试示意

系统集成测试环境中的全部产品可以都是本企业开发的产品,也可以只有其中的一种、几种是本企业开发的新产品,其他的都是外购的产品。之所以在只有一种产品是本企业开发的情况下要进行系统集成测试,是因为企业开发的这个新产品有组网工作的功能,只有在组成系统网络时,才能验证该新产品能否实现组网应用的功能。当然,当新产品不需要组合使用时,就不需要进行系统集成测试。

第三节　全流程的产品设计/开发要求

在传统产品开发、项目管理模式中,只是片面追求新产品的技术性指标,而在集成产品开发模式中,技术性指标只是产品开发中的一部分要求。集成产品开发模式中最关注的是新产品对客户需求的满足率,在产品开发流程中的产品概念和计划阶段,将客户的需求转化为产品的特性,将产品的特性转化为产品的概要设计;在产品的开发、实现阶段,将产品的概要设计转化为产品的详细设计及设计实现;在产品的测试、验证阶段,用大量的测试来验证新产品对客户需求的符合度。这就是集成产品开发模式与传统产品开发、项目管理模式在产品开发阶段的重要差别。

集成产品开发模式在产品开发阶段的关注点并不只限于对外部客户需求的满足度。这里所说的"客户"是广义的概念，不仅包括企业外部的客户，即新产品的最终使用者，还包括企业内部的客户，即企业内产品开发环节下游的各业务执行环节。这也是集成产品开发模式与传统产品开发、项目管理模式在产品开发阶段的另一个重要差别。下游的业务执行有产品的生产、安装、销售、服务等环节。在传统的产品开发、项目管理模式中，产品开发阶段单纯地追求高超的技术指标，而不管这种高超的技术指标及工艺要求是否适合大规模地生产，不管新产品是否能简便及低成本地安装，不管新产品的成本是否有市场竞争能力，不管新产品售后服务的复杂程度，其结果是新产品的生产成品率很低，生产、安装、服务成本很高，产品既不能进行大规模的生产，又没有市场竞争能力，导致开发新产品的初衷无法实现。所以说，新产品开发时不仅要满足外部客户的要求，也要满足内部客户的需求。内部的需求可概括为产品的可生产性、可安装性、可维护性及产品的低成本。这些内部需求从表面上来看似乎与产品开发无关，但实际上这些需求根本性的满足必须在产品开发时就加以考虑，否则仅靠下游环节是无法改变上游环节无意中设置的先天性屏障的。

第四节　产品的可生产性

一、设计指标的冗余度

新产品在出厂时都有出厂技术指标的标称值，技术指标低于标称值的产品为不合格产品。在下达产品开发指令进行产品概要设计时，产品开发阶段下达的技术指标要求应高于产品出厂时的技术指标标称值。产品开发时的技术指标要求与产品出厂技术指标标称值的差额就是设计指标的冗余度。设计指标的冗余度是保证产品可生产性的重要前提之一。以电子技术产品为例，电子技术产品中大多都有模拟电子器件，这些模拟器件出厂的参数数值都有离散性，即这些模拟器件的实际参数数值与标称数值之间都有精度偏差值，即便是同一批次生产的元器件之间也都存在着随机的精度偏差值，如果不是同一批次生产的元器件，参数偏差值可能会更大。元器件参数的离散性会导致生产出来的新产品技术指标发生变化，甚至会产生大量不合格的、不符合可生产性要求的产品，所以在设计指标没有冗余度时，只有使用那些没有精度偏差的元器件生产出的产品才能达到出厂合格要求，而使用有精度偏差的元器件生产出来的产品就可能是不合格产品。由于元器件参数的离散性是客观存在的、无法避免的，因此解决的办法只能是提高产品设计指标的冗余度。当有设计指标冗余度时，只要产品的技术指标在允许的范围内波动，就仍符合出厂技术指标的标称值，即可满足大规模生产的要求。只有在产品设计、开发阶段将设计指标的冗余度作为设计要求提出来，新产品才可能具备设计指标的冗余度。

二、产品生产过程必须要自动测试

高新技术产品的规模化生产常常受制于产品生产过程中的测试环节。传统的产品生产过程中以人工测试为主，而高新技术产品的技术复杂性要求测试人员必须要有很高的技术素质和专业技能，但这种高技术素质人才的紧缺，导致测试环节成为高新技术产品大规模生产的瓶颈。高新技术产品的测试点多、测试过程长，人工测试工作量太大，容易出差错，因此人工测试难以把住产品测试的质量关。另外，人工测试的人工成本、仪器仪表折旧费用太高，严重影响产品的投资回报。

自动测试是高新技术产品具备可生产性的重要突破口。为保证高新技术产品的生产能实现自动测试，必须在新产品开发阶段提出实现自动测试的要求、特征。有2项工作要在开发阶段完成后才有可能实现产品的自动测试：一是在产品开发阶段，根据对产品自动测试的特征需求，设计并实现自动测试设备，自动测试设备的主要测试对象为产品中的单板，单板的测试工作量是最大的，其对自动测试的需求也是最为迫切的；二是为实现自动测试，在进行单板、子系统、产品开发时要在单板、子系统、产品中设计大量的测试环路，以此来保证产品中全部的指标、功能、性能的可测性。如果没有预先在各级环节中设计测试环路，产品是不可能实现自动测试功能的，也就是说没有产品的可测性也就没有高新技术产品的可生产性。高新技术产品的自动测试是一件十分复杂的事情，且自动测试设备本身就是一个复杂的高新技术产品。因此，集成产品开发模式中，在产品开发的概念阶段就必须收集生产部门对自动测试的各种需求，并将其作为产品开发任务的一部分来完成。

高科技产品的复杂程度很高，其测试过程非常复杂，这时就需要用自动测试装备来替代人工测试。为了能有效控制生产测试环节的产品变动成本，应像重视产品开发一样，重视产品自动测试装置的开发。

单板自动测试装置能自动模拟测试工程师的全部测试过程：单板自动测试装置与测试仪表用串/并接口相连接，并通过测试仪表接口类型，自动对测试仪表下达转换测试档位的命令；测试仪表根据单板自动测试装置的指令，自动进行仪表换挡操作，并自动开始新一轮的测试；测试仪表将该测试档位的测试结果通过串/并接口告知单板自动测试装置，单板自动测试装置根据发出的测试指令及接收到的测试结果，判断这一个测试项的结果正确与否，并自动将测试结果记录存档。周而复始，单板自动测试装置就能够完成对该单板所有技术指标的测试。如果全部技术指标测试都合格，单板自动测试装置便会显示"OK"；如果测试不合格，单板自动测试装置则会自动打印出不合格项及故障诊断结果。单板自动测试装置可以让普通员工来操作，该操作人员只需懂得自动测试装置的操作过程即可，完全不需要懂单板的工作原理。操作人员将所有显示"OK"的被测单板贴上合格证即可入库，这样就完成了单板测试的生产。对于自动测试后显示不合格的单板，操作人员交给测试工程师进行测试、修理。这样极大地降低了对测试工程师数量的需要，从而极大地降低了单板测试生产的成本。同时，对测试岗位上的普通操作员工按计件工资来管理，即测试一块单板才付一份测试人工费，把测试人工成本全部转为便于控制的变动成本。

三、产品自动生产的一次通过率

产品自动生产的一次通过率是对高新技术产品全自动生产方式的要求。以信息通信产品为例，在信息通信产品的制造过程中，电路单板的焊接生产都是采用表面贴装（Surface Mounted Technology，SMT）自动焊接生产线来完成的。SMT 生产线上从元器件的抓取、贴放到焊接，完全依靠机械自动完成的。只有经过自动测试设备的测试，才能知道自动生产出来的电路单板是否达到了全部的技术指标、功能要求。通过自动焊接生产出来的一次性通过自动测试装置，达到全部的技术指标功能要求的电路单板数量占全部生产总数的比例，就是产品自动生产的一次通过率。

自动生产一次通过率是衡量高新技术产品的规模生产的一个重要的指标。如果自动生产的一次通过率较低，会产生许多问题：一是较低的一次通过率意味着有大量的产品达不到合格的要求，不合格产品必须由技术素质高、经验丰富的工程师排除技术问题，那么生产线上就需要有大量的工程师，而工程师数量的限制、人工成本的提高会严重阻碍产品的大规模生产，导致高新技术产品无法大规模地投入市场；二是因为自动测试设备本身的可测性就难以做到100%的覆盖面，所以即便是在合格率范围内的产品，也可能会存在大量的技术故障隐患，经验数据表明，产品自动生产一次通过率较低时，合格产品中的隐性不合格产品的比例也在加大。这些隐性不合格产品被大量投放到市场后，会大幅增加新产品的质量事故，给企业带来极大的经营风险。

因此在自动化生产过程中，要求新产品在规模生产时，自动生产、测试的一次通过率应达到 98%以上。而这么高的一次通过率不是仅严格要求生产过程就能达到的，必须在产品的开发阶段就提出 98%的一次通过率要求，即把一次通过率指标作为企业内部对产品开发的需求，并将其作为产品开发的刚性要求。

新产品开发团队为达到产品自动生产一次通过率的指标要求，在进行产品开发时，一是要做到较高的设计指标冗余度，降低元器件参数离散性对产品自动生产一次通过率的影响；二是要在产品硬件设计时采用工艺冗余设计来降低新产品对生产工艺的苛刻要求，使生产工艺易于实现，特别是在做硬件电路板布线设计时，要充分考虑焊接工艺的要求，降低产品对 SMT 焊接工艺的难度要求。这也就是在集成产品开发阶段必须有生产人员参加的原因。

第五节　产品的可安装性

产品的可安装性是指当产品销售给客户需要现场安装时，产品应具有安装简便的特征：产品安装的劳动强度要低，否则就会极大地降低产品安装的劳动生产率；对安装人员技术素质的要求要低，否则会使安装成为产品规模应用的瓶颈；安装时对仪器仪表的依赖度要低，仪器仪表极易损坏，否则产品安装成本太高；安装配套的辅件要少，否则产品安装的过程就会非常复杂。总而言之，产品安装不能成为产品规模应用的瓶颈，不能因为成本高而使新产品失去市场竞争力。

对产品安装的各种要求，仅靠安装人员是难以有效解决的，因为这些产品安装问题产生的源头都在产品开发阶段。如果在产品开发阶段没有考虑这些问题，那产品开发完成后它们就是难以解决的先天性问题了。因此，在产品开发立项前，PDT 内部的安装人员应提出新产品工程安装的各项需求，使产品易于安装、低成本安装成为产品开发的一项或多项需求，成为新产品的特性之一。

有了产品可安装性的需求后，PDT 在产品的概要、计划阶段要将其作为新产品的特征安排到新产品的开发计划中；在新产品的详细设计、实现阶段，将可安装性的特征要求设计出来并加以实现；在产品的测试、验证阶段，对安装需求特征进行测试和验证，使新产品能够满足可安装性的全部拟定要求。这就是在集成产品开发团队中必须有工程安装人员参加的原因。

第六节　产品的可维护性

产品的可维护性是指高新技术产品销售给客户后,产品要有易维护的售后服务保障。产品的售后服务分为保修期内的售后服务和保修期外的售后服务。保修期内的售后服务是无须客户付费的,这期间的售后服务成本是产品的成本之一。如果保修期内的售后服务工作量大,就会给企业带来严重的发展问题:一是售后服务工作量的巨增,会使产品的维护成本急剧增加,使企业的盈利能力大幅下降;二是售后服务的技术难度如果很大,会对售后服务人员的技术素质要求极高,而这样的售后服务人员在企业内是极为有限的,人员的缺少会使产品的服务质量明显下降,造成产品规模应用的瓶颈,极大地损害企业的声誉。

即便是保修期外的售后服务仍会给高新技术企业带来众多的问题:一是如果新产品的维护难度极大,将会严重影响到新产品的使用效果,最终损害的是企业自身形象;二是如果客户为新产品维护所付出的金额超出预期,就会严重降低客户对该企业、该产品的认同,影响企业未来产品的销售。

所以说,减少新产品的售后服务工作量、降低新产品的售后服务的技术难度要求,对高新技术产品而言是十分重要的。高新技术产品售后服务的要求就是产品的可维护性,而提高可维护性不是仅靠企业的售后服务部门提高业务能力、加强培训、提高客户意识就能从根本上解决的,其根源在新产品的开发阶段。如果在新产品设计、实现阶段不考虑自动故障诊断功能,不设计自动分析技术故障的专家系统,那么当技术故障出现时,就只能派技术专家去客户现场解决问题,这将严重影响售后服务的质量及成本。因此,企业必须将产品可维护性作为需求提交给产品开发团队,在进行产品设计、实现时将技术故障诊断、分析、定位的功能作为新产品的需求、特征加以实现。只有这样才能降低新产品的售后服务难度、减少新产品售后服务工作量,提高新产品可维护性。这就是在集成产品开发团队中一定要有售后服务人员参与的原因。

第七节　产品的低成本要求

只有实现技术性能提升、产品价格下降的双突破,高新技术产品才能快速获得推广，得到规模应用，并有效替换传统产品的市场，企业才能有持续发展的核心动力。

企业除了要持续技术创新外，还必须有一套严谨、规范、细致的降低产品成本的管理体系，否则，即使技术、产品创新获得突破，也不可能获取高额回报，如果某企业的新产品成本明显高于竞争对手，而新产品价格是由市场竞争决定的，当新产品规模应用时，就会导致该企业的巨额亏损。

要想降低产品的成本，就要在产品开发环节将成本需求考虑进来。产品的成本基线是由开发、设计来决定的：在进行产品开发、设计时，使用的平台、器件、技术、生产方式决定了新产品成本的基本水准。在产品开发流程中的产品概念、计划阶段，就应对新产品的成本需求有明确、具体的要求，根据这个成本需求再进行产品的详细设计及实现。只有采用这种提前规划新产品成本的方法，才能实现新产品的成本要求。

如果没有提前进行产品成本的规划，那么新产品开发实现后，虽可通过对生产过程、销售过程、服务过程的成本控制，降低一部分产品的变动成本，但这些只能在产品成本的基线上降低10%～20%的产品变动成本，不可能从根本上改变产品成本的基线。只有通过产品的开发、实现，才能选择产品成本的不同基线平台。这就是在产品开发团队中一定要有销售人员、财务人员参与的原因。

第八节　本章小结

本章详细阐述了集成产品开发模式中产品开发立项后的开发过程。

本章首先阐述了技术预研与技术开发、产品开发分离的原则。在传统产品开发模式中，由于其以技术的先进性作为新产品优劣的衡量标准，因此技术预研不但未与技术开发、产品开发相分离，其创新成果反而被作为新产品的卖点，以寻求技术突破、填补技术空白。此种模式中技术预研开发成果所需的时间、投入的金额及可用性的不确定性，会导致新产品的开发周期、资金及结果成败的不确定。集成产品开发模式是以客户需求、投资回报为目的的，其严格要求技术预研与技术开发、产品开发的分离。在技术预研成果没有得到验证之前，是不允许在产品开发过程中采用的，只有技术预研的成果得到验证后，才允许在新产品的开发中采用，从而使得新产品的开发周期、投资预算得到保证，使新产品的开发成功率得到控制。

本章还详细阐述了产品设计实现的方法及产品集成的方法。新产品的集成过程就是产品设计分解的逆向过程,将已实现的各单元模块逐级集成,成为最终的新产品。

本章介绍了产品可生产性的主要实现方法。产品的可生产性与产品开发密切相关。一是应在新产品设计阶段预留足够的设计指标的冗余度,使得元器件参数的离散性不会制约产品的规模生产;二是应在新产品开发阶段安排自动测试设备的配套开发,并在单元模块及产品各级平台的开发过程中进行可测性设计,以实现新产品规模生产时的自动测试;三是应在新产品开发阶段对自动生产的工艺方式进行优化设计,使自动生产的一次通过率达到98%以上,实现新产品规模生产的自动化生产。

本章还介绍了产品的可安装性的实现方法。在产品开发阶段将可安装性的需求、特征作为新产品开发的实现目标之一,通过产品开发来实现产品的可安装性。

本章介绍了产品可维护性的实现方法。在产品的开发阶段就规划新产品的技术故障自动诊断分析、定位的功能,通过产品开发实现产品的可维护性。

本章还介绍了产品低成本实现的方法。产品低成本实现最有效的方法就是在产品的开发阶段规划出拟实现产品的具体成本数值,在产品的开发初期筹划出新产品的成本值、毛利值、净利值,通过产品开发来实现产品的低成本。

 思考题

1. PDT 在开发阶段为什么要将技术预研与产品开发相分离?
2. 原始技术创新方式应在技术预研中完成?还是应在产品开发中完成?
3. 为什么要进行设计分解?
4. 为什么要进行产品的系统集成测试?
5. 新产品开发应满足哪些内部需求?为什么?

第十三章
PDT 的产品测试与验证

新产品的开发过程是众多研发人员创造的集合体,由于每个研发人员的技能水平不同,加之众人相互配合的原因,及太多的不确定因素的存在,因此开发的单元部件、中间件、整机产品都存在着大量的技术故障,这些技术故障的排除需要一整套系统的测试、验证流程来保证,产品的测试、验证工作量完全不亚于产品设计、实现的工作量,不重视测试、验证的企业无法做出合格的新产品。

第一节　产品开发中测试的目的

一、产品开发测试的重要性

集成产品开发模式在产品概念和产品计划阶段，对客户的需求和产品的特征已经有了非常清楚的认识，但在产品的设计阶段，产品的性能是否能够完全达到预期是不确定的，还需要通过测试来验证。如图 13-1（a）所示，产品开发是从客户产生需求到实现的过程。判断开发成果是否达到满足客户的需求，是产品测试的职责，如图 13-1（b）所示。通过测试虽不能证明新产品是没有错误的，但是能够证明新产品达到了满足客户所有需求的要求，没有产品开发中的测试就没有需求的保证。

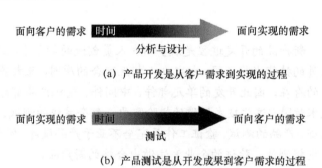

(a) 产品开发是从客户需求到实现的过程

(b) 产品测试是从开发成果到客户需求的过程

图 13-1　测试的目的应面向客户的需求

二、产品开发测试过程

如图 13-2（a）所示，为了设计、实现的方便，新产品的开发过程将一个完整的新产品概念分解成系统级、产品级、子系统级、板级、单元模块等平台和组件。在分解产品的同时，新产品的需求也对应分解到各个组成部分中。分解后各单元模块的设计与实现是否达到了预期的要求，就要通过测试加以验证。根据产品开发的过程可以得到产品的测试过程，产品的测试过程如图 13-2（b）所示。

由图 13-2 可见，随着产品从单元模块开发到板级集成开发、子系统集成开发、产品集成开发、系统集成开发、产品初始应用，产品的测试也相应从白箱测试到板级集成测试、子系统集成测试、产品集成测试、系统集成测试、产品 β 测试，即开发过程与测试过程的各环节一一对应。

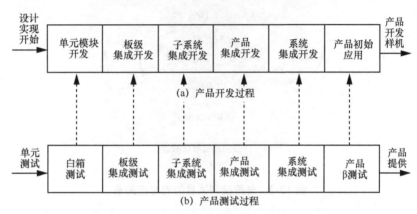

图 13-2　产品开发过程与测试过程的对应关系

三、产品开发测试的目标

随着产品开发进程的推进，产品的测试进程会与之对应：当产品完成了单元模块的开发，产品测试会进入单元模块的白箱测试阶段；当产品完成板级集成开发、子系统集成开发、产品集成开发及系统集成开发，产品的测试进程会相应地进入板级集成测试、子系统集成测试、产品集成测试和系统集成测试阶段。产品测试在不同阶段要达到的目标是不一样的，各阶段测试目的的对应关系如图 13-3 所示。以产品实现为核心，表明产品测试是围绕着产品实现而进行的。针对单元模块的实现，要进行单元模块的白箱测试。白箱测试是为了测试单一模块或一组模块是否满足功能标准和设计规范，即设计规范是"白箱测试"的标准。但这一测试环节并不能保证不同模块之间或模块与板级平台之间的交互工作正确无误。产品开发的集成实现应进行产品的集成测试。集成测试的目的是证明所有单元模块之间接口的正确性,通过各级集成测试来验证产品是否达到预期的特征要求。实现产品的特征是"黑箱集成测试"的目标。其中,系统集成测试要验证的是产品在客户层面所体现的特性,确保产品所体现的使用特征是完全符合客户的需求的。

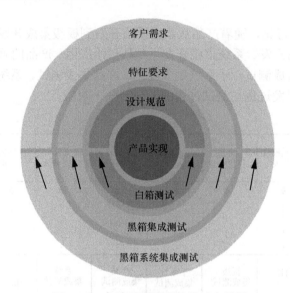

图 13-3　各阶段测试目的的对应关系

第二节　"白箱""黑箱"测试

一、"白箱""黑箱"测试概念

所谓"白箱测试",不仅要测试产品组成单元的外部特性,即验证总体设计要求的各单元模块的技术、功能、指标,还要对该单元模块的内部设计进行测试验证,以发现其是否存在设计、实现上的问题。如果在测试验证中发现问题,则应在排除问题后再进行单元模块的技术、功能、指标验证,直至达到总体设计要求的各单元模块的技术、功能、指标,才能进行产品的集成测试。

"白箱测试"是单元模块开发中的内部工作,由产品单元模块的开发人员自行测试。正因为"白箱测试"是单元模块开发自身的职责,所以"白箱测试"是"透明"的测试。

"白箱测试"是面向产品自身及产品开发的,同时"白箱测试"是针对单元模块的独立测试,是与其他的单元模块不关联的离线测试;而"黑箱测试"是面向客户需求的测试,它只关心产品的外部特性,而不关心产品内部的设计原理及实现方法。在所有的测试环节中,只有系统集成测试是最接近客户实用环境的,可以说系统集成测试是最典型的"黑箱测试"。从单元模块测试、板级集成测试、子系统集成测试、产品集成测试到系统集成测试,是面向实现产品的"白箱测试"转变为面向客户要求的"黑箱测试",如图13-4所示。进行单元模块测试时,是典型的"白箱测试",进行板级集成测试时,在"白箱测试"的基础上,增加了"黑箱测试"的成分;进行子系统集成测试、产品集成测试时,"黑箱测试"的比重越来越大;进行系统集成测试时,已变为典型的"黑箱测试"。

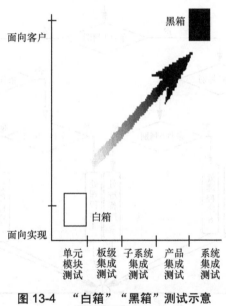

图13-4 "白箱""黑箱"测试示意

二、"白箱测试"的方法

"白箱测试"是在离线状态下,面向产品单元模块的内部设计进行的测试。之所以称为"白箱测试",是因为在测试时,测试人员要完全透明地了解被测单元模块的设计思路、实现方法,并按该思路和方法进行测试,否则会出现测试遗漏,无法验证单元模块是否达到了预期的设计规范要求。

如图 13-5 所示，某产品单元中有一个软件模块，虽然该软件模块的输入只有一个，但该软件模块因外部因素的不同组合，会产生若干个不同的处理路径，每个处理路径的子程序都是完全不一样的，而最终这些不同的子程序处理完毕后，回到同一个输出端口上。这种情况下，如果测试人员设计思路和实现方法不熟悉，就会只用一个条件来测试被测产品单元。这样的测试，即便结果合格，也不能代表被测产品单元模块能够达到全部的测试规范要求。因测试过程极有可能会遗漏许多处理分支，这些未经测试的分支程序是否存在设计错误，是否能达到设计规范要求，就不得而知了。这样的产品一旦经批量生产流向社会，极可能会带来重大的质量事故风险。

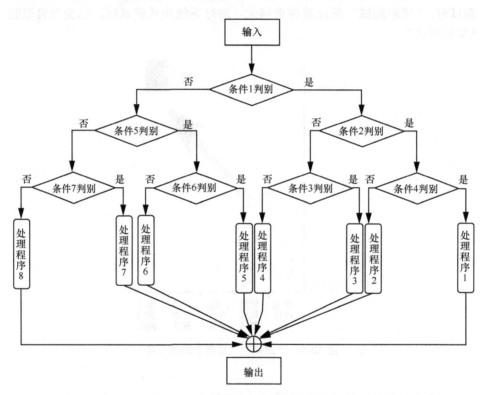

图 13-5　多处理分支的被测设计单元

图 13-5 所示产品单元模块正确的"白箱测试"方法是根据不同条件判别的组合，形成 8 个不同的处理程序分支，并对每个分支分别进行完整的测试，以保证对单元模块设计实现进行全面验证。

需要强调的是，"白箱测试"是保证产品开发质量的重要环节，是最难控制的、最容易被忽略的环节。"白箱测试"之所以重要，是因为单元模块是新产品的组成基础,如果"白箱测试"不能排除掉单元模块中的技术故障,在进行新产品集成测试时就更难发现单元模块中存在的技术故障;"白箱测试"之所以最难控制,是因为"白箱测试"是由研发人员自己完成的测试,即研发人员自我设计、自我验证,因而测试质量的控制难度很大;"白箱测试"之所以是最容易被忽略的环节,是因为在开发过程中,开发计划一般都排得很满,待单元模块设计实现完成后,所剩的时间往往无几,因此,为了保证开发进度,经常会出现人为压缩"白箱测试"工期的现象,导致"白箱测试"只是走过场。

"白箱测试"往往都由研发人员自己进行。研究人员对自己开发的产品单元的设计思想和实现方法最了解,容易做到全面的测试。但同时研发人员容易出现惯性思维,往往看不到自己的错误,会出现"大事化小""小事化了"的情况。因此,PDT 在下达设计规范和进行设计方案评审时,还要提出拟进行的"白箱测试"方案,由项目小组来组织测试,把住源头的设计质量关口。

三、"黑箱测试"的方法

"黑箱测试"主要检测客户的需求是否实现,其并不关心产品内部的实现方式,而主要关心产品的外部特性,这就是称之为"黑箱测试"的原因。各级集成黑箱测试是产品开发小组与专业的产品测试团队共同进行的;系统集成黑箱测试是以专业的产品测试团队为主,产品开发小组仅以配合的身份参加测试。

第三节 集成测试

一、集成测试的分级方法

集成测试是对设计集成过程的分级验证,验证设计集成的每一个阶段是否达到了预期的要求。分级集成测试过程如图 13-6 所示。

在分级集成测试过程中,只有单元模块测试为"白箱测试",其他部分都为"黑箱集成测试",而集成测试分为多级,分别为单板集成测试、子系统集成测试和产品集成测试。

设计开发流程与工程项目管理的原理及运用

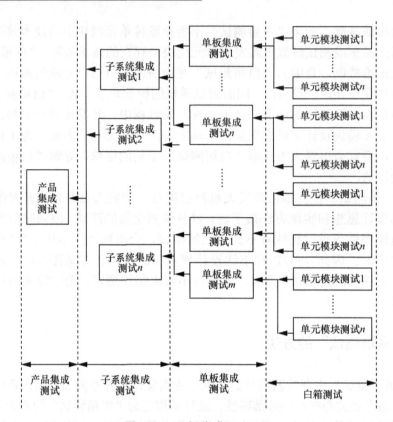

图 13-6 分级集成测试过程

1. 单板集成测试

单板是由多个单元模块组成的，这些单元模块在进入单板集成测试前通过"白箱测试"已达到预期要求。单板集成测试的主要目的有两个：一是通过集成测试确保该单板内的各单元模块（软、硬件）之间的连接、互操作正常；二是确保该单板的全部功能、特征达到总体技术方案的要求。单板的集成测试由专门的集成测试人员与研发人员共同进行。

2. 子系统集成测试

子系统是由相应的多块不同的单板组成的，这些单板在进入子系统集成测试前一定是已完全通过单板集成测试的，否则在子系统集成测试中，发现的测试问题就难以界定是单板本身的问题还是单板间连接的问题。子系统集成测试的主要目的有两个：一是通过集成测试确保该子系统内各单板（软、硬件）之间的连接、互操作正常；二是确保该子系统的全部功能、特征达到总体技术方案的要求。子系统的集成测试也是由专门的集成测试人员与研发人员共同进行的。

3. 产品集成测试

产品是由相应的多个不同的子系统组成的，这些子系统在进入产品集成测试前，必须要经过子系统集成测试，确保子系统本身已达到了总体技术方案要求。产品集成测试的主要目的有两个：一是通过产品集成测试确保该产品内各子系统（软、硬件）间的连接、互操作的正常；二是确保该产品的全部功能、特征达到产品计划阶段的要求。产品集成测试也是由专门的集成测试人员与研发人员共同进行的。

集成测试的目标是证明一个产品及其组成部分的功能是否能完整地达到 B500 的标准。集成测试要证明产品功能的完整性，即每一个产品都会有一组明确定义的功能集合，集成测试要证明全部功能集合已经实现，产品在正常的环境、异常的环境和错误的情景下，都能按产品规范和特征需求中规定的要求进行工作。

只有通过各级集成测试后，产品才能开始进行系统集成测试。因为系统集成测试要集中测试整个系统的稳定性和是否达到客户的全部要求，而不是仅仅测试某些功能，所以，将一个已达到测试要求的产品提交给系统集成测试环节是非常重要的。

二、集成测试阶段的技术评审

产品开发阶段有 2 个重要的技术评审点，分别是开发阶段结束时的技术评审和进入集成测试前的技术评审。开发阶段结束时的技术评审是从开发阶段转为验证阶段的技术评审，与此相关的内容已在前面介绍过，此处主要介绍进入集成测试前的技术评审。

进入集成测试前的技术评审，是对产品单元模块的详细设计结果和单元模块测试结果做评审，而不是对详细设计方案本身做评审。单元模块测试完成且比较可靠时，就可申请集成测试前的技术评审，而不必等全部集成测试都完成了再申请。测试阶段技术评审点示意如图 13-7 所示。

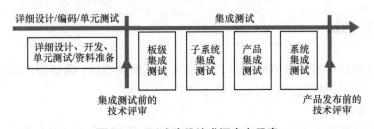

图 13-7　测试阶段技术评审点示意

进入集成测试前的技术评审是面对单元模块的测试结果的。如果不符合集成测试条件的单元模块进入集成测试阶段，就会浪费大量的其他研发配合工作，造成整个开发系统的工作低效。所以单元模块在进入集成测试阶段之前，一定要进行技术评审。该技术评审由 PDT 来组织，只有当该技术评审通过后，才能进行集成测试。

第四节　系统集成测试

一、系统集成测试的目的

系统集成测试与产品集成测试有很大的差别：一是产品集成测试关心的是产品本身的各种特征是否达到要求，而系统集成测试是站在客户的角度，通过使用的方式、环境的配置来对产品及系统进行测试；二是企业可能只生产一种或几种产品，在产品集成测试时，只针对其中的一种或多种产品进行独立测试，但客户可能是将几种产品组合起来使用，也可能其组合使用的环境中只有某一种产品是该企业生产的，而其他的产品是其他厂商的，因此，系统集成测试要按客户的使用需求，将自我开发的新产品与其他外购的产品组建成客户的使用环境后再进行测试，以验证产品的外部特性。

系统集成测试的测试方式要与客户使用的方式相同，在实际组建的系统上要验证该企业提供的产品。测试人员以客户的需求对这些产品的特征、功能进行测试。在系统集成测试过程中建议不使用模拟器来替代使用环境中的其他产品。这一点是系统集成测试与产品集成测试的主要差别之一。系统集成测试不再重复性地去验证产品集成测试阶段是否正确完整地完成了工作，进行系统集成测试时，就已确定参与系统集成测试的产品是符合要求的。

二、例行测试

例行测试的目的是判断新产品对恶劣环境的容忍度，确定新产品的应用环境范围。常用的例行测试方式有以下几种。

1. 高温测试

在高温条件下对新产品进行测试，如在 45℃、50℃ 的高温条件下，模拟夏天无空调的使用环境,对新产品耐高温工作的承受能力进行测试。

2. 低温测试

在低温条件下对新产品进行测试,如在 0℃、−10℃等低温条件下,模拟冬天无暖气的使用环境,对新产品耐低温工作的承受能力进行测试。

3. 高、低温状态循环测试

在高温条件下测试新产品,过一段时间在低温条件下进行测试,高、低温循环测试,以检测新产品元器件的质量及产品的寿命。这称为加速老化测试。这种测试的时间跨度为 2～3 天,可验证产品的质量特性,作为控制产品质量的一种检测手段。若高、低温循环测试长时间地进行下去,就会成为破坏性的测试。破坏性测试的目的是用加速老化的方法来验证该产品的平均寿命。破坏性测试不能在产品中大范围进行,会对产品造成损伤,只能对抽取的极少数的样机进行代表性的验证。

4. 电源拉偏

任何电器产品都要使用外部的交流电源,各地的交流电源电压的波动不同,为了保证新产品在各地都能正常使用,在产品发布前要进行电源拉偏测试,即把交流电源电压拉偏±10%、±15%、±20%后再进行产品测试,以验证新产品对外部电源波动的承受能力。

5. 满负荷工作

虽然新产品出售给客户后,产品不一定会在满负荷状态下工作,但满负荷工作对新产品是一个承受负荷能力的考验。应进行满负荷的承受能力测试,使新产品能够承受满负荷的工作。

6. 长时间测试

长时间测试的目的是验证产品在正常条件下长时间运行的服务质量和稳定性。

7. 压迫测试

压迫测试是为了检测系统在软件、硬件和外部接口发生异常等情况下的忍耐程度及产品的自动恢复能力。

三、文档测试

文档测试的目的是验证提供给客户的各种文档资料的正确性和完整性。在系统集成测试中,客户文档被当做参考资料来使用,测试、验证客户文档资料的正确性。

第五节　产品中试测试及验证

一、产品开发测试与产品中试测试、验证的区别

通过产品开发测试能够证明新产品达到所有的设计规范、技术特征要求及客户需求，没有产品开发测试就没有需求的保证。但产品开发测试不能证明新产品是没有错误的，为了排除新产品中的小概率隐性技术故障、缺陷，就要进行产品的中试测试及验证。

二、产品中试测试、验证的类别

中试测试及验证包括外场测试及验证、例行测试及验证、环境相容性测试及验证、内部可生产及可维护性的测试及验证等阶段。这些测试及验证，按测试、验证的性质分类，可分为对产品样机的验证、对客户需求满足度的验证、非技术制约因素相容性验证及产品正式发布的验证。

第六节　客户现场测试

一、外场试验局测试

外场试验局测试是将已经通过系统集成测试的产品放到真实的客户场所，进行实地的应用测试。外场试验局的测试人员由厂商测试人员与客户共同组成，以客户的实际使用需求进行测试。外场试验局测试的主要目的是发现并解决产品开发中存在的技术故障、缺陷及验证新产品对客户需求的符合程度。

二、β测试

β测试是将经外场试验局测试合格的新产品赠送给友好客户使用，这些客户将使用过程中发现的各种问题及时反馈给厂商，使厂商能及时发现存在的问

题,以便于及时排除故障,提高新产品的品质。β测试完全是由客户进行的测试,更具有客观性。

第七节 产品技术指标、性能及可靠性的验证

新产品经过各类测试后,会发现存在的技术故障,这些技术故障被定位、解决后,并不等于新产品就没有技术性问题了。有些技术故障是小概率事件,测试样本比较少时,这些技术故障难以暴露出来。比如说有的技术故障是 1% 的故障率,即在 100 个被测产品中,可能只有一个产品会暴露出问题,此时被测样本数不够多时,这一个产品的问题往往会被认为是个别问题,而不会认为是普遍存在的规律性问题。可想而知,一旦该产品大批量生产后,1%的故障率将会引起大量的用户投诉,甚至会导致全部产品被召回,使企业遭受巨大的损失。

新产品开发中的全套测试流程完成后,在产品正式发布前,要启动新产品的中试验证,所谓中试验证是指对新产品的中间试验。在进行中试验证时,要对新产品进行若干批次的试生产,即逐步从小批量、中批量再到大批量的试生产,每一批次试生产出来的产品都要赠送给客户免费使用,让客户在使用中发现新的问题。研发人员、中试人员应共同解决中试验证中产生的各种技术性问题,待上一批次中试产品中的技术问题被真正解决后,再进行下一批次的中试生产,做到该批次发现的技术问题不带到下一批次的中试生产中,然后再将新一批次的中试产品赠送给客户使用。就这样,经过若干批次逐步增加数量的中试验证,客户不再反馈规律性的技术故障时,外部的验证工作才算结束。

第八节 产品非技术制约因素相容性的验证

一个合格的产品除了技术指标、技术性能达到设计要求外,产品非技术制约因素是否达到边界条件的要求?是否具有与社会的相容性?这些非技术制约因素的要求与技术指标、技术性能要求具有同等的重要性,因此,除要对技术指标、技术性能进行测试、验证外,还要对 PDT 开发流程概念阶段中的 $APPEALS 模型进行测试、验证。

一、产品的成本、价格、经济回报

产品的成本、价格、经济回报虽然不是社会对产品的强制约束,但是企业能否获得市场竞争优势的前提,是企业设计该产品的初心。如果通过核算、验证,发现该产品的成本、价格、经济回报无法达到当初 PDT 开发流程概念阶段的要求,IPMT 可能就会作出终止该产品发布的最终决定。若得不到应有的经济回报,该产品就失去了生产、销售的意义。

二、知识产权是否侵权

在 PDT 开发流程的概念阶段中,已经对产品的知识产权策略进行了决策,通过验证确认知识产权的策略得到了全面实施。

三、是否符合强制检测、认证、进网的指标要求

要通过测试确保产品能够满足行业领域内的强制检测、认证、进网的指标要求。

四、对环境影响的验证

通过测试验证产品能够满足概念阶段确定的产品环境影响指标要求。

五、安全性的验证

通过测试验证产品能够满足概念阶段确定的产品安全性指标要求。

总而言之,一定不能忽略产品非技术制约因素边界条件的要求,要明晰非技术制约因素边界条件测试结果的重要性,正确评价产品发布后对社会、健康、安全、法律以及文化可能产生的影响,并应承担相应的责任。

第九节 产品可生产、可安装、可维护性能的验证

产品的验证除了要进行客户使用验证外,还要进行内部验证,内部验证主要

是产品的可生产性验证。可生产性验证包括产品的一致性、产品自动焊接的成品率、产品自动测试的一次通过率等。由于产品的元器件标称值具有离散性,如果产品的冗余设计达不到要求,不同批次生产的产品的技术指标就会出现不一致的情况,这在大规模生产中是不允许的,因此要保证不同批次生产的产品具有一致性;如果产品设计工艺及自动测试设计存在问题,产品自动焊接及产品自动测试的一次通过率就不可能达到98%以上,在自动化生产线中产品的一次通过率达不到98%以上时,就意味着该产品不具备可生产性。所以要通过多批次的试生产来验证新产品的可生产性,为大规模生产做好准备。

外部验证与内部验证应同步进行,以便中试的多批次生产能同时解决外部及内部验证中发现的问题,这样可提高中试验证的效率。

第十节　IPMT对验证结论的审核

PDT完成测试、验证后要将结论提交给IPMT进行审核。对IPMT而言,测试、验证结论事关重大,因为审核通过就意味着产品开发将进入发布阶段,即新产品将进入大规模生产、销售阶段,企业将投入10倍研发的资金到生产、销售中,若此时新产品还存在技术指标、性能及可靠性的潜在问题,那么意味着大规模的资金将变为废品;若此时新产品还存在非技术制约因素相容性的问题,即新产品将违背社会非技术制约因素的边界条件,那么大规模生产,销售不被社会、市场接受的产品,会给企业带来灾难性的后果;若此时新产品还存在可生产、可安装、可维护性能的问题,新产品的质量将得不到保障,企业的生产、服务成本将直线上升,此时大规模的生产、销售,将使企业的声誉、经济回报毁于一旦。所以对产品测试、验证结果的判断至关重要,不得有半点马虎。

第十一节　本章小结

本章详细阐述了产品开发中的测试、验证的过程和方法。由于产品开发是一个依靠众多开发人员集合劳动成果的产物,新产品中存在着大量的个人表现,而研发人员的经验又参差不齐,因此必然会在新开发的产品中留存着大量的技术性故障、缺陷。解决这些故障、缺陷的排除,就要规范新产品开发模式,加强对新产品开发过程的管理，最主要的方法就是对新产品进行测试和验证。新产品测试的一个目的是发现技术性故障并加以排除；另一个重要的目的是保证新产品能够达到客户的需求及特征要求、内部可生产性需求及与社会的相容性。

新产品的测试过程是与新产品的集成过程相对应的，分为单元模块测试、单板集成测试、子系统集成测试、产品集成测试、系统集成测试及产品验证等阶段。每一个测试阶段的职责和要求都是不一样的，应区别对待。

另外，产品测试还包括外场试验局测试、β测试、例行测试等。

外场试验局测试是在客户的现场、客户的使用环境中进行的测试，以达到客户的全面要求及排除技术性故障为测试目的，以厂商的测试人员为主，客户测试人员参加的方法进行。

β测试是将新产品交由客户自行进行测试，由客户将测试的结果告知厂商将发现的问题交由厂商排除、解决。

例行测试的目的是提高新产品对恶劣环境的容忍度，扩大新产品对环境的适应范围。

 思考题

1. 为什么必须由研发人员进行"白箱测试"？
2. 什么是"黑箱测试"？
3. 什么是例行测试？例行测试是破坏性测试吗？
4. 什么是β测试？
5. 中试验证与开发测试有差别吗？

第十四章
PDT 产品发布与生命周期管理流程

> PDT 的发布阶段是指新产品已经通过了测试及验证,到了新产品正式开始销售的前夜。新产品准备正式发布并不是说研发、中试、生产都没有工作可做了,相反 PDT 的各个环节都必须同步工作,这样才能使新产品的发布工作顺利完成。

第一节 产品发布阶段的职责

一、产品发布阶段的职责

产品发布阶段的职责就是新产品大规模生产、销售前的准备工作，目标是正式启动新产品的大规模生产及销售。产品的正式发布意味着产品开发阶段主体工作已完成，将要转入产品生产、经营的阶段。在产品发布阶段，各个业务执行环节都要进行正式生产、经营的准备工作。与产品发布有关的环节有研发、中试、生产、采购、市场、销售、工程安装及售后服务等。

二、发布阶段产品开发、中试的职责

在测试、验证阶段，新产品已经在前期客户的场所开启了试验局点，并在友好客户处开设了β测试点。无论是试验局点，还是β测试点，每天都会返回大量的客户使用信息。这些信息对新产品的技术故障定位及排除、对新产品的改进起到十分重要的作用。产品发布阶段是新产品大规模生产、应用的准备期，如果新产品在规模应用时还存在有技术故障，风险很大。因此，产品发布阶段，产品开发团队应对客户的任何反馈信息予以高度的重视，要以最快的速度定位、排除每一个返回的技术故障，降低新产品大规模生产、应用所带来的风险。同时研发、中试人员要在产品发布阶段为生产、安装、服务、销售等环节完备相应的产品技术文档，为各环节的人员进行产品的技术性培训。

三、发布阶段采购、生产的职责

产品发布阶段是新产品大规模生产的准备时间。此时采购环节应确定新产

品的完整元器件、材料、配件的采购清单，确定所有元器件、材料、配件的供货厂商清单，并对供货厂商进行评审，确定出符合要求的供货厂商，与供货厂商进行供货价格、供货周期、付款方式、交货方式的谈判，并签署供货协议；生产环节应根据年度生产规模计划，设计、构建新产品的生产线、生产场地，购置生产所需的仪器仪表，招聘并培训新产品生产线所需的各类生产人员。

四、发布阶段市场、销售的职责

产品发布阶段是市场大规模销售的准备阶段。当新产品开始大规模销售时，市场往往不能够接受该新产品。在产品的发布阶段，企业的市场部门首先应根据新产品的特点、新产品与竞争对手的差异及客户的喜好，确定新产品的商业模式，确定销售形式是采取直销、代销还是代理制，确定产品的安装、售后服务形式是自我承担还是委托服务，确定市场前期突破口的客户对象，确定新产品的价格及阶梯价格策略，确定新产品的宣传、推广策略，同时，还要进行产品售前介绍及销售培训等工作。

五、发布阶段工程安装、售后服务的职责

在产品发布阶段，工程安装及售后服务环节是一个全新的任务。因此，在产品发布阶段，工程安装环节应针对新产品制订新的工程安装规范、流程、作业指导书及工程验收准则，对工程安装人员进行新产品的工程安装培训。

在产品发布阶段，售后服务环节应针对新产品制订出新的售后服务规范、技术规范，对售后服务人员进行新产品性能、功能、技术指标、操作方法、维护方法的全面培训，在所有的售后服务点配备新产品的备品、备件及维修所用的仪器仪表等设备。

第二节　产品发布阶段的管理

产品发布阶段的工作覆盖从研发到中试、生产、采购、市场、销售、安装及服务等业务职能，产品发布阶段中全部工作的责任人就是 PDT 的负责人。在传统产品开发、项目管理模式中，产品发布阶段的内部协调工作量是巨大的，涉及几乎所有的业务执行部门，任何一个业务执行部门若没有按时完成产品发

布阶段的职责,就会直接影响新产品的规模生产及销售。但在集成产品开发模式中,这个复杂的内部协调矛盾被解决了,原因是该产品的研发、中试、生产、市场、销售、安装、服务的人员均在该 PDT 内部。这些人员都归该 PDT 的负责人管理。产品发布阶段工作的高效性体现了集成产品开发模式的优势。

第三节　产品生命周期的管理

一、产品生命周期管理的职责

产品生命周期管理是一个长期的过程,其核心工作是产品的管理。产品管理的范畴包括以下几方面的内容:一是产品正式发布后盈利能力的监督管理;二是产品的改进;三是产品系列的补充;四是产品生产的终止、退出。

产品生命周期的管理是 PDT 产品开发流程的一个阶段。一个高新技术企业内有许多不同产品的 PDT,每个 PDT 只是在某一个产品线上进行产品生命周期的管理。

二、产品生命周期管理分类

1. 客户新需求的满足

客户通过使用新产品,会提出一些新的改进需求、增值业务开发需求。这些新需求只需在原产品平台上进行的更改。这样的更改只是对原产品的完善,属于原产品的系列化扩展或功能延伸。

2. 降低产品成本的需要

信息通信技术产品是高新技术的结晶,其先进性和成本的竞争性都高度依赖超大规模集成电路,而超大规模集成电路的技术进步速度太快,按照摩尔定理,每 18 个月集成电路的集成度将提高 1 倍,性能提升 1 倍,价格降低一半。

集成电路发展太快,每年都有大量问市的新型集成电路,新集成电路不仅在功能上、集成度上远高于原有的集成电路,而且价格明显低于原有的集成电路。如果能用某种新型的、新工艺的集成电路,替代原有的多个集成电路,则产品成本的下降幅度就非常可观。另外,每一种型号的集成电路的生命周期是有限的(一般不超过 10 年)。原来高新技术产品中使用的集成电路,在经过若干年后,其使用年限已靠近其生命周期的最后几年时,该集成电路不仅订货困难,而且价格会上涨。因此,每隔几年,就要对原来的高新技术产品进行重新设计。重新设计的主要目的是为了用新的技术、新的超大规模集成电路来降低产品的成本。因此,用技术进步的方法来降低产品采购成本这种方法最显著的方式,在高新技术产品中尤为如此。每重新设计 1 次产品,就可降低 30%～40%的材料成本,而且每间隔 3 年左右,可再重复性进行。

采取产品重新设计的方式虽然降本效果明显,但不是单个生产环节能完成的,需要企业的研发、中试及生产环节的共同协作。所以说,用重新设计的方式来降本,是企业内全局性的降本策略。

需要提醒的是,虽然用产品重新设计的方法可大幅降低产品的变动成本,但是重新设计的间隔不能太密,其原因有三个:一是集成电路的更新速度没有那么快,而且刚上市的新集成电路可能会存在一些隐性的缺陷,过快地大规模使用新型集成电路,可能会使新产品成为集成电路厂商的试验田;二是产品重新设计是要进行研发投入的,而且新产品的中试会产生大量的产品报废损耗;三是原有产品的产成品、半成品、专用元器件的库存在短时间内难以消化完,新产品的推出会使老产品的存货面临报废,产生产品换代的损失。总而言之,产品的重新设计虽然会大幅度地降低产品变动成本,但同时也会产生新的投入消耗和产品换代损失。因此,在采用重新设计方法降本时,应该进行经济决策,核算新产品可能带来的利润贡献总额,并计算出降本设计的投入消耗和换代损失的总额,核算需要的时间和销售数量,才能使新产品的贡献毛益总额大于重新设计投入、换代损失的总额,依此来决定是否进行产品的降本重新设计,这就是产品更新换代的经济决策。

3. 产品线中新产品开发

由于市场竞争格局的改变,原产品线中的产品平台不能满足客户更高的需求时,就需要开发新的产品平台,而产品线中产品平台的变更不属于产品的改进完善,属于新产品的开发范畴,因此 PDT 应将新产品开发的需求上报给 IPMT,经 IPMT 批准后就能开发立项。

4. 在线生产产品的终止、退出

在传统的产品开发、项目管理模式中,只有新产品的开发立项,几乎没有在线生产产品的终止、经营的评审、决策,但在集成产品开发模式中,产品开发的目的是为了追求投资的回报,一旦进入生产、销售阶段的大规模产品失去了市场竞争能力和盈利能力,PDT 就要向 IPMT 提出终止该产品生产,退出市场的报告,报告经 IPMT 评审、决策、同意后,由 PDT 安排该产品的终止、退市程序。在终止、退市的过程中,要尽可能地减少退市对在线生产产品、库存产品、专用元器件的损失，用新产品进行市场的替换来减少市场的损失，安排好客户来排来减少客户的损失。

第四节　本章小结

本章详细阐述了产品在发布阶段的职责。产品发布阶段的职责覆盖了企业内的全部业务环节，包括产品在研发、中试环节的发布职责，在采购、生产环节的发布职责，在市场、销售环节的发布职责，在工程安装、售后服务环节的发布职责。

因为产品的发布是为大规模生产、销售作前期准备的，所以涉及产品研发、中试、采购、生产、市场、销售及服务等业务职能。在传统产品开发、项目管理模式中，任何一个业务执行部门若没有按时完成产品发布阶段的工作，就会直接影响新产品的规模生产及销售。在集成产品开发模式中，产品的研发、中试、采购、生产、市场、销售、安装、服务人员均在 PDT 内部，且这些人员都归该 PDT 的负责人管理。因此，集成产品开发模式能够做到产品发布的高效性。

本章也详细阐述了产品生命周期的管理方法。在集成产品开发模式中，产品的生命周期管理分为 4 类工作：一是产品正式发布后产品盈利能力的监督管理；二是产品的改进管理；三是产品平台变更开发的管理；四是对在线生产产品的终止、退出管理。虽然这 4 类工作均由 PDT 完成，但后两项的最终决策者是企业的 IPMT。

思考题

1. 为什么在产品发布阶段，研发、中试还要全力备战？
2. 新产品的测试、验证完成后，一定会在市场销售吗？
3. 已经进入销售的新产品，在连续几年销售势头很好的状态下，还有必要重新进行设计吗？
4. 在什么情况下，已在线生产的新产品应该终止生产、退出市场？

第六篇
结束语

- 结束语

结束语

企业要用硬指标来衡量企业实施 IPD 是否成功,这个硬指标就是在新产品开发数量不减时,其开发周期是否能缩短 30%以上,开发成本能否降低 30%以上,开发成功率能否提高 30%以上等,如果达不到以上指标,就说明本企业的 IPD 实施不够成功。虽然 IPD 的实施不可能立竿见影,但这个指标是我们检验成果的最终目标,为实现这个目标,就必须掌握 IPD 的精髓,而不是简单地照搬执行。

集成产品开发模式是针对传统产品开发、项目管理模式的各种弊端而探索、总结出来的一种新型的产品开发、项目管理模式，其有效地解决了传统产品开发、项目管理模式中的各种弊端，是一种被国内外企业广泛认同的新型产品开发模式，是一种科学性、系统性的产品开发流程及工程项目管理模式。采用集成产品开发模式，企业新产品的开发周期会大幅缩短，开发成本会大幅降低，开发失败率会大幅降低，投资回报率会大幅提升。

集成产品开发模式被引入中国的时间并不长，刚开始只有屈指可数的几家大型企业在尝试。我国最早开始实施集成产品开发模式的企业，从个别生产线的试点到逐步推广到全企业经历了数年的时间。也就是说从中国第一个企业全面应用成功的时点到现在，集成产品开发模式在国内的应用时间只有10多年，集成产品开发模式对中国大多数的中、小企业而言还比较陌生，有许多中、小企业错误地认为集成产品开发模式只适合于超大型、大型的企业应用，因此，我国许多中、小企业仍在采用传统的产品开发、项目管理模式。另外，我国的高等学校工科专业原来基本上没有开设集成产品开发、工程项目管理模式的教学课程。综上所述，集成产品开发模式在我国企业的应用推广速度较慢，这不利于我国企业的健康发展，不利于我国创新型国家战略的快速实施。

最后本书将集成产品开发模式与传统产品开发、项目管理模式在各功能环节上的优缺点、差异集中列表，供读者参考，以加深读者对集成产品开发模式的理解。

集成产品开发模式与传统产品开发模式对比表

功能环节	传统产品开发、项目管理模式	集成产品开发模式
组织架构	以研发部为中心，与中试、生产、销售、安装、服务为级联式的业务执行组织架构	研发与中试、生产、销售、安装、服务组成跨部门的、一体化的产品开发团队
业务流程及决策	研发部为新产品决策的核心，其既为裁判员又为运动员	形成两级管理层级：集成产品管理团队和产品开发团队。IPMT进行战略、投资、规划决策，PDT进行产品开发，并接受IPMT领导

（续表）

功能环节	传统产品开发、项目管理模式	集成产品开发模式
资源管理	不同产品开发项目之间没有统一的资源管理	建立企业统一的跨各产品开发项目的资源管理，避免资源的浪费及超出能力的资源付出
市场分析、决策	以技术驱动为核心，以技术的先进性作为市场分析的主体，以技术领先作为市场决策的依据	将市场驱动与技术驱动相结合，以商机、商业模式为决策基础，以客户需求及内部作业需求为市场分析、决策的依据
产品概念与计划阶段	先进行新产品的开发立项，立项就拟定了开发资金总额和周期，再根据对产品的需求进行总体方案的设计	先根据市场和内部对新产品的需求，确定新产品的实现方案及技术平台、产品特征、总体技术方案，再进行新产品的开发立项
技术开发方式	以技术创新为目的，每个新产品都开发独特的技术，开发的对象以产品为主	以技术的重用为基础，着力开发公共基础模块和技术平台，在平台上延伸产品系列，开发的对象以平台为主
产品开发模式	串行开发模式	并行、异步开发模式
产品开发阶段	技术预研与产品开发合一，新产品突出技术的先进性	技术预研与产品开发分离，经验证的技术预研才能纳入产品开发，新产品突出内、外部需求的满足
产品测试、验证阶段	通过测试来验证产品的技术指标	通过测试来验证产品是否满足客户的需求
产品开发的目标	追求新产品的技术指标达标	除技术指标外，还要追求产品的可生产性、可安装性、可维护性、低成本及客户需求的满足
产品财务核算	在各职能组织内规划和管理开发预算，以业务执行部门为财务核算单位，以财务年度为周期审视盈亏	以产品线为单位进行财务独立核算，以产品生命周期为周期审视盈亏，审视投资回报
知识产权管理	鼓励员工自愿创造专利，产品开发与专利创造相互独立	产品开发流程与专利创造流程融为一体，同步进行，在产品开发中布局专利。专利创造是开发的工作任务，同时对专利创造进行激励
产品开发周期	产品开发周期长，且开发周期难以控制	产品开发周期短，在产品开发立项时开发周期已确定，开发周期可控
产品开发资金投入	产品开发资金投入较大，总额难以控制	产品开发资金投入相对较少，在产品开发立项时，整个开发周期所需的资金总额已基本确定，总额可控
新产品开发失败率	新产品开发失败率高	新产品开发失败率较低

思考题

1. 企业实施 IPD 后，为什么新产品的开发周期有可能缩短 30%以上？为什么新产品的开发成本有可能降低 30%以上？为什么新产品的开发成功率有可能提高 30%以上？请写出一篇体会或论文。
2. 你现在能解释 IPD 模式为什么称为"集成产品开发"模式了吗？如果称为"跨部门综合产品开发"模式是否更为贴切？